现代经济与管理类系列教材

EVC企业价值管理综合实训教程

主 编 李争艳 郑新娜
副主编 隋志纯 于泽楠

清华大学出版社
北京交通大学出版社
·北京·

内容简介

本书本着"理论与实际并重,深入浅出,活学活用"的原则,在借鉴国内同类教材的基础上,结合作者多年的教学经验编写而成。本书包括财务管理基础实训、筹资管理实训、投资管理实训、营运资金管理实训、利润分配管理实训和财务分析实训六个部分,贯穿了财务管理的主要内容。通过本书的实训学习,一方面有利于加强财务管理理论课程的学习,另一方面利用计算机的 Excel 软件,练习财务管理的实务操作,对于提高学习和工作能力帮助非常大。

本书适合会计相关专业的本科生作为教材使用。

本书封面贴有清华大学出版社防伪标签,无标签者不得销售。
版权所有,侵权必究。侵权举报电话:010-62782989 13501256678 13801310933

图书在版编目(CIP)数据

EVC 企业价值管理综合实训教程/李争艳,郑新娜主编 . —北京:北京交通大学出版社:清华大学出版社,2023.2
ISBN 978-7-5121-4838-3

Ⅰ. ①E… Ⅱ. ①李… ②郑… Ⅲ. ①企业管理-财务管理-应用软件-教材 Ⅳ. ①F275-39

中国版本图书馆 CIP 数据核字(2022)第 219997 号

EVC 企业价值管理综合实训教程
EVC QIYE JIAZHI GUANLI ZONGHE SHIXUN JIAOCHENG

责任编辑:吴嫦娥

出版发行:	清华大学出版社	邮编:100084	电话:010-62776969	http://www.tup.com.cn
	北京交通大学出版社	邮编:100044	电话:010-51686414	http://www.bjtup.com.cn

印 刷 者:北京时代华都印刷有限公司
经　　销:全国新华书店
开　　本:185 mm×260 mm 印张:10.5 字数:269 千字
版 印 次:2023 年 2 月第 1 版　2023 年 2 月第 1 次印刷
定　　价:39.00 元

本书如有质量问题,请向北京交通大学出版社质监组反映。对您的意见和批评,我们表示欢迎和感谢。
投诉电话:010-51686043,51686008;传真:010-62225406;E-mail:press@bjtu.edu.cn。

前　言

有什么样的经济，就有什么样的会计。随着我国社会主义市场经济的发展与成熟，经济全球化步伐的加快，我国会计职业的发展和国际化进程也在不断发展。为了适应当前经济形势的变化，我们编写了这本教材。

培养学生的实践能力和创新能力是高校教育的历史使命，也是高校教学改革发展的最终目标。在会计实验、实训教学得到各类院校普遍认可和重视的今天，选择一本适用性强的教材是非常关键的。尤其是在竞争日趋激烈的今天，大学生在校学习过程中得到实践的锻炼对将来的就业和工作帮助甚大。

本书以核算财务管理的主要管理活动为实践内容，让学生在学习财务管理理论之后，更好地将理论与实践相结合。本书力求结构清晰，循序渐进，本着实用、够用和通用的原则，充分体现财务管理的完整性和系统性。其特点如下。

（1）内容全而新。本书根据财务管理理论的内容设计实训内容，具有一定的代表性，能够反映财务管理实务中遇到的问题，并帮助学生解决。

（2）实务操作性强。本书所有的实训内容都需要运用 Excel 软件来完成，对于培养学生 Excel 软件的具体操作能力帮助非常大。

本书由李争艳（沈阳工学院）、郑新娜（沈阳工学院）担任主编，隋志纯（沈阳工学院）、于泽楠（沈阳工学院）担任副主编。具体分工如下：财务管理基础实训、筹资管理实训由李争艳、隋志纯编写；投资管理实训、营运资金管理实训由郑新娜编写；利润分配管理实训、财务分析实训由李争艳、于泽楠编写。全书由郑新娜统稿，李争艳审定。

在本书的编写过程中，我们研读了许多专家、学者的著作，并借鉴了其中部分内容，在此谨向他们表示深深的感谢和敬意！由于受时间和编者水平所限，书中难免会有错误和纰漏，敬请专家和读者不吝指正。

编者

2022 年 12 月

目 录

第一部分　财务管理基础实训 …………………………………………………… 1
　　模块一　资金时间价值实训 …………………………………………………… 3
　　模块二　风险与收益实训 ……………………………………………………… 14
　　模块三　成本性态分析实训 …………………………………………………… 23
　　巩固练习 ………………………………………………………………………… 30
第二部分　筹资管理实训 ………………………………………………………… 31
　　模块一　资本需要量的预测实训 ……………………………………………… 33
　　模块二　资本成本实训 ………………………………………………………… 37
　　模块三　杠杆原理实训 ………………………………………………………… 45
　　模块四　资本结构实训 ………………………………………………………… 50
　　巩固练习 ………………………………………………………………………… 53
第三部分　投资管理实训 ………………………………………………………… 57
　　模块一　项目投资实训 ………………………………………………………… 59
　　模块二　证券投资实训 ………………………………………………………… 82
　　巩固练习 ………………………………………………………………………… 89
第四部分　营运资金管理实训 …………………………………………………… 91
　　模块一　现金管理实训 ………………………………………………………… 93
　　模块二　应收账款管理实训 …………………………………………………… 98
　　模块三　存货管理实训 ………………………………………………………… 104
　　模块四　流动负债管理实训 …………………………………………………… 109
　　巩固练习 ………………………………………………………………………… 116
第五部分　利润分配管理实训 …………………………………………………… 119
　　模块一　股利政策实训 ………………………………………………………… 121
　　模块二　股票分割和股票回购实训 …………………………………………… 130
　　巩固练习 ………………………………………………………………………… 133
第六部分　财务分析实训 ………………………………………………………… 135
　　模块一　财务指标分析实训 …………………………………………………… 137
　　模块二　杜邦财务分析实训 …………………………………………………… 155

第一部分　财务管理基础实训

模块一 资金时间价值实训

一、实训目的

通过查找银行现行存款、贷款利率以及模拟办理相应的存款、贷款业务,深入理解和掌握资金时间价值的基本原理和计算方法,熟练掌握 Excel 软件以及网上理财计算器在资金时间价值中的实际操作技术。

二、理论知识点

资金时间价值又称货币时间价值、资本时间价值,是指货币经历一定时间的投资和再投资所增加的价值,即一定量资金在不同时点上的价值量的差额,也就是资金在投资和再投资过程中随着时间的推移而发生的增值。资金时间价值通常表示为没有通货膨胀和风险条件下的社会平均资金利润率。

由于资金在不同时点的价值不同,资金时间价值分为现值和终值两种表现形式。与资金时间价值衡量相关的概念、符号与说明见表 1-1。

表 1-1 与资金时间价值衡量相关的概念、符号与说明

概念	符号	说明
终值	F	一个或多个现金流量相当于未来时刻的价值
现值	P	一个或多个发生在未来的现金流量相当于现在时点的价值
现金流量	CF_t	第 t 期期末的现金流量(或收付款项)
年金	A	连续发生在一定周期内的等额现金流量
利率或者折现率	i	计算现值或终值时所采用的利息率,即资金的机会成本
预期增长率	g	现金流量预期增长率
计算期数	n	收到或付出现金流量的期数

利息的计算有单利和复利两种方法。单利是指在一定时期内根据本金计算利息,当前产生的利息在下一期不作为本金,不重复计算利息。目前我国商业银行个人储蓄利息按单利计算。简单现金流量下单利终值计算公式为:

$$F = P(1 + i \cdot n) \tag{1-1}$$

复利是不仅本金要计算利息,利息也要计算利息,即俗称的"利滚利"。复利的概念充分体现了资金时间价值的含义。复利计息是把上期期末的本利和作为下一期的本金,在计算时每一期本金的数额是不同的。由于资金时间价值是时间的函数,因此复利计息更为准确。在财务价值判断中,通常采取复利计息。不同形式的现金流量终值与现值及其计算(复利计息)见表 1-2。

表1-2　不同形式的现金流量终值与现值及其计算（复利计息）

项目	含义	计算公式
1. 简单现金流量——某一特定时间内的一次性现金流量		
复利终值	一次性现金流量按复利计算的一期或多期后的价值	$F=P(1+i)^n=P(F/P,i,n)$ 式中，$(F/P,i,n)$ 为复利终值系数
复利现值	将未来预期发生的一次性现金流量按折现率计算的现在时点的价值	$P=F(1+i)^{-n}=F(P/F,i,n)$ 式中，$(P/F,i,n)$ 为复利现值系数
2. 系列现金流量——年金：系列等额现金流量		
(1) 普通年金：从第一期起，一定时期每期期末等额发生的系列现金流量，又称后付年金		
普通年金终值	一定时期内每期期末现金流量的复利终值之和	$F=A\dfrac{(1+i)^n-1}{i}=A(F/A,i,n)$ 式中，$(F/A,i,n)$ 普通年金终值系数
年偿债基金	为了在约定的未来某一时点清偿某笔债务或积聚一定数额的资本而必须分次等额提取的存款准备金	$A=\dfrac{F}{\dfrac{(1+i)^n-1}{i}}=\dfrac{F}{(F/A,i,n)}$
普通年金现值	一定时期内每期期末现金流量的复利现值之和	$P=A\dfrac{1-(1+i)^{-n}}{i}=A(P/A,i,n)$ 式中，$(P/A,i,n)$ 为普通年金现值系数
年资本回收额	在给定的年限内等额回收投入的资本或清偿初始所欠的债务	$A=\dfrac{P}{\dfrac{1-(1+i)^{-n}}{i}}=\dfrac{P}{(P/A,i,n)}$
(2) 预付年金：从第一期起，一定时期内每期期初等额发生的系列现金流量，又称先付年金		
预付年金终值	一定时期内每期期初现金流量的复利终值之和	$F=A\left[\dfrac{(1+i)^{n+1}-1}{i}-1\right]$ $=A[(F/A,i,n+1)-1]$ $=A(F/A,i,n)(1+i)$
预付年金现值	一定时期内每期期初现金流量的复利现值之和	$P=A\left[\dfrac{1-(1+i)^{-(n-1)}}{r}+1\right]$ $=A[(P/A,i,n-1)+1]$ $=A(P/A,i,n)(1+i)$
(3) 递延年金：第一次现金流量发生的时间与第一期无关，而是相隔若干期（假设为 m 期，$1 \leqslant m < n$）后才开始发生的系列等额现金流量，也称"延期年金"		
递延年金终值	$n-m$ 期每期期末现金流量的复利终值之和	同普通年金终值的计算，计算期数为 $n-m$ 期
递延年金现值	$n-m$ 期每期期末现金流量的复利现值之和	方法1："两阶段计算"方式 $P=A(P/A,i,n-m)(P/F,i,m)$ 方法2："假设计算"方式 $P=A[(P/A,i,n)-(P/A,i,m)]$

续表

项目	含义	计算公式
(4)永续年金:无限期系列等额的现金流量		
永续年金现值	无限期每期期末现金流量的复利现值之和	$P=\dfrac{A}{r}$

表1-2列示了简单现金流量和年金不同形式的终值与现值的计算,有时在一项业务中可能包含不同类型的现金流量(简单现金流量、普通年金、递延年金等),此时必须独立计算每一项现金流量的终值或现值。如每期定期支付利息、到期一次还本的债券,计算其价值时必须分别计算利息现值和到期本金现值。此外,在遇到求解折现率或计算期间的问题时,一般需要通过插值法实现。

在资金时间价值衡量的过程中,除了采用上述计算公式外,还可以借助 Excel 软件来实现。Excel 软件中提供了相应的财务函数,不仅减轻了计算的工作量,而且还有效地解决了利率或计算期间为非整数、无法利用系数表的计算困难。Excel 软件中资金时间价值计算的财务函数见表1-3。

表1-3 Excel 软件中资金时间价值计算的财务函数

项目	函数	函数功能	输入方式
终值	FV	基于固定利率及等额分期付款方式,返回某项投资的未来值	FV(rate,nper,pmt,pv,type)
	说明:① FV 函数既可用于计算复利终值,也可用于计算普通年金、预付年金的终值,主要取决于各参数的输入。当 pmt=0(或忽略)时,计算复利终值;当 PV=0 时,计算年金终值。如果现金流量发生在每期期末,则"type"项为0或省略;如果现金流量发生在每期期初,则"type"项为1(其他函数的用法与此相同) ② pmt 与 PV 现金流量的方向与计算出的终值现金流量的方向相反。因此,为使计算出的终值能显示为正数,应在输入 pmt 与 PV 参数时加上负号(其他函数的用法与此相同)		
现值	PV	(1)简单现金流量或年金形式的现值 基于固定利率及等额分期付款方式,返回某项投资的现值	PV(rate,nper,pmt,fv,type)
	NPV	(2)混合现金流量(各期现金流不相等或变化没有规律)的现值 基于一系列现金流和固定的各期折现率,返回一项投资的净现值	NPV(rate,value1,value2,…)
		注:① value1,value2,…所属各期的长度必须相等,且现金流均发生在期末 ② NPV 函数只计算基于同一折现率下的普通年金形式的现值,如果现金流从第一期期初开始发生,则该现金流量不参与 value 参数计算,而是加到 NPV 的计算结果中	
每期等额现金流量	PMT	基于固定利率及等额分期付款方式,返回投资或贷款的每期付款额	PMT(rate,nper,pv,fv,type)
		投资或贷款的某期付款额中本金与利息的计算	
	PPMT	返回在定期偿还、固定利率条件下给定期次内某项投资回报(或贷款偿还)的本金部分	PPMT(rate,per,nper,pv,fv,type)

续表

项目	函数	函数功能	输入方式
每期等额现金流量	IPMT	返回在定期偿还、固定利率条件下给定期次内某项投资回报（或贷款偿还）的利息部分	IPMT(rate,per,nper,pv,fv,type)
利率或折现率	RATE	（1）简单现金流量或年金形式的利率或折现率 返回未来款项的各期利率	RATE(nper,pmt,pv,fv,type,guess)
	IRR	（2）混合现金流量的利率或折现率 返回由数值代表的一组现金流量的内部收益率	IRR(values,guess)
期数	NPER	基于固定利率及等额分期付款方式，返回某项投资（或贷款）的总期数	NPER(rate,pmt,pv,fv,type)

三、实训内容

（一）个人储蓄业务

1. 情景资料

1）银行储蓄业务简介

中国人民银行是经国务院授权的利率主管机关，代表国家依法行使利率管理权，主要负责制定中央银行的存贷款利率和金融机构的存贷款利率等，而各金融机构根据中国人民银行有关规定，主要负责确定内部资金往来利率、贴现和转贴现利率，并对同业拆借利率进行协商等。

目前，我国银行提供的个人储蓄存款业务采取单利计息制度，储蓄方式主要有活期存款、定期存款、协定存款和通知存款。而定期存款又包括：整存整取、零存整取、整存零取、存本取息、定活两便等不同的形式。其中，整存整取定期存款是在存款时约定存期，一次存入本金，到期一次性支取本息。大多数银行的人民币整存整取定期存款50元起存，多存不限，其存期分为3个月、6个月、1年、2年、3年和5年。人民币零存整取定期存款是指客户按月定额存入，到期一次支取本息。一般地，零存整取存款人民币5元起存，多存不限，其存期通常分为1年、3年、5年；存款金额由客户自定，每月存入一次。

2）个人储蓄业务资料

（1）假设你到中国建设银行办理120 000元的人民币整存整取储蓄业务，存款期限可以选择3个月、6个月、1年、2年、3年和5年。

（2）假设你准备在3年后购买一台计算机，为积攒这笔钱你决定每个月从生活费中留出200元，并到中国工商银行办理3年期的零存整取储蓄业务。

2. 实训要求

（1）当你到中国建设银行办理120 000元的人民币整存整取储蓄业务时，在存款期限分别为3个月、6个月、1年、2年、3年和5年的情况下（不考虑利息的个人所得税）：

① 利用 Excel 电子表格，按现行的单利计息制度分别计算不同存款期限下到期时的本利和；按复利计息制度分别计算不同存款期限下到期时的本利和。
② 比较两种计息制度下本利和的变化，利用 Excel 制图并予以说明。
③ 登录中国建设银行网站，利用该网站提供的理财计算器计算存款本金为 120 000 元，存期为 3 个月的本息合计，并检验其与 Excel 电子表格计算的一致性。
④ 如果最终你选择的是将 120 000 元办理存期 1 年、到期转存 1 年的储存业务，计算连续 5 年后你将会得到的本利和。

（2）在你办理 3 年期每月存入 200 元的零存整取业务时，利用 Excel 电子表格及其财务函数进行以下实训：
① 按现行的单利计息制度计算到期时存款的利息及本利和。
② 按复利计息制度计算到期时的本利和。
③ 如果到期时你希望取出的本利和为 10 000 元，则按复利计息，计算每月应零存的金额。
④ 如果到期时你希望取出的本利和为 10 000 元，则按复利计息，从理论上讲，你应该存款的期限。
（提示：零存整取每笔现金流出是发生在每期期初。）

3. 实训组织方式及步骤

本实训安排在相关理论知识讲授结束之后进行，在实训教师负责组织和指导下，每位学生独立完成实训。学生利用课余时间到附近银行对银行个人储蓄业务进行实地考察之后，以班级为单位统一在财务管理模拟实验室内进行实训。实验室需配备能上网的计算机，并装有 Excel 等软件。实训前要求学生对资金时间价值衡量的理论知识点进行预习。实训步骤如下。

（1）实地访问中国人民银行、中国工商银行、中国建设银行等或登录其相应的银行网站，查找现行人民币存款基准利率，完成表 1-4。

表 1-4 金融机构人民币存款基准利率

序号	A	B
1	项　　目	年利率/%
2	一、活期存款	
3	二、定期存款	
4	（一）整存整取	
5	3 个月	
6	6 个月	
7	1 年	
8	2 年	
9	3 年	
10	5 年	

续表

序号	A	B
11	（二）零存整取、整存零取、存本取息	
12	1年	
13	3年	
14	5年	
15	（三）定活两便	
16	三、协定存款	
17	四、通知存款	
18	1天	
19	7天	

（2）实地访问中国工商银行、中国建设银行、上海浦东发展银行、中国民生银行等商业银行，或登录其相应的银行网站，了解各银行实际提供的人民币个人储蓄服务的种类、特点，不同储蓄服务的存款期限、起存金额等规定。

（3）当你到中国工商银行办理120 000元的人民币整存整取储蓄业务时，在存款期限分别为3个月、6个月、1年、2年、3年和5年的情况下，按如下操作。

① 分别按单利计息制度和复利计息制度，利用Excel电子表格完成实训要求的各项内容，见表1-5。

表1-5 整存整取个人储蓄业务计算表

序号	A	B	C	D	E	F	G
1	存款期限种类	本金	期限	利率	单利计息		复利计息
2					本利和	利息	本利和
3	3个月						
4	6个月						
5	1年						
6	2年						
7	3年						
8	5年						

在上述计算结果的基础上，比较两种计息方式下的本利和，并利用Excel电子表格绘图。选择菜单栏中【插入】│【图表】│【折线图】，进而根据图表折线向导依次完成。

② 登录中国建设银行网站，利用其提供的个人存款计算器（如图1-1所示），根据提示性信息进行计算。

③ 在将120 000元选择办理存期1年、到期转存1年的储存业务情况下，采用Excel电子表格计算连续5年后将会得到的本利和，完成表1-6。

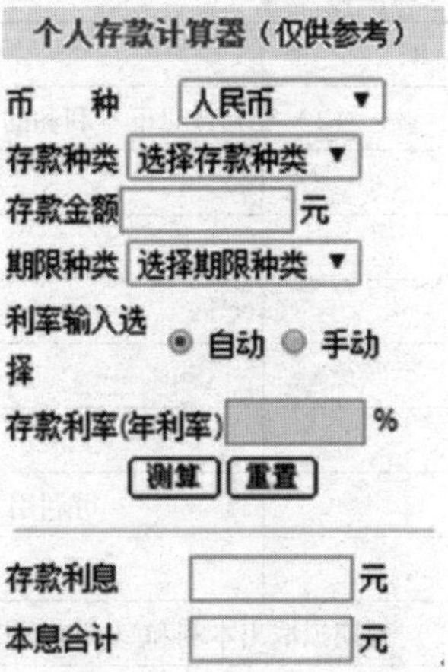

图 1-1　中国建设银行个人存款计算器

表 1-6　1 年期、到期转存储蓄业务计算表

序号	A	B	C
1	本金		
2	利率		
3	转存期		
4	本利和		提示：采用 Excel 软件中的 FV 财务函数计算

（4）办理 3 年期每月存入 200 元的零存整取业务。

① 按银行的现行单利计息制度计算到期时存款的利息及本利和，完成 Excel 电子表格（见表 1-7）。

表 1-7　零存整取储蓄业务计算表——单利计息

序号	A	B	C
1	零存金额		
2	存期（年）		
3	存期（月）		
4	年利率		
5	到期利息合计		考虑各期 200 元的计息期数采用等差数列求和计算
6	本利和		

② 按复利计息制度计算实训各项内容，完成 Excel 电子表格（见表 1-8）。

表 1-8 零存整取储蓄业务计算表——复利计息

序号	A	B	C
1		(1) 复利计息下本利和的计算	
2	零存金额		
3	存期（年）		
4	存期（月）		
5	年利率		
6	月利率		
7	本利和		可利用 Excel 软件中的 FV 财务函数计算
8	到期利息合计		
9		(2) 到期拟取出本利和 20 000 元时的零存金额	
10	拟到期的本利和	20 000	
11	每月零存金额		可利用 Excel 软件中的 PMT 财务函数计算
12		(3) 到期拟取出本利和 20 000 元时的存款期	
13	拟到期的本利和	20 000	
14	存款月数		可利用 Excel 软件中的 NPER 财务函数计算

（二）个人住房贷款业务

1. 情景资料

1) 个人住房贷款业务简介

各商业银行大多可以向个人提供用于购买自用的各种类型住房的人民币贷款。该种贷款通常是一种担保性贷款，可采取抵押、质押、保证等担保方式或上述三种担保方式并用，一般有公积金贷款和商业贷款两种主要的形式。不同的银行对贷款对象和条件、贷款额度与期限、贷款还款方式的规定不同。但总体来看，贷款本息的还款方式主要有以下几种：①一次性利随本清法，通常是贷款期限在 1 年（含 1 年）内的，实行到期一次还本付息的方法；②等额本息法，又称等额法，即借款人每月以相等的金额偿还贷款本息；③等额本金法，又称递减法，即借款人每月等额偿还本金，贷款利息随本金逐月递减，还款额逐月递减。还款方式通常在借款合同中事先约定，如果借款人想提前还款，应事先征得贷款人的同意，并办理相关手续。

2) 个人住房贷款业务资料

你准备购置一套 100 m²、总价款 50 万元的住房，首付款为购房价款的 40%，其余款项通过中国工商银行办理公积金贷款，贷款期限为 20 年。

2. 实训要求

（1）利用 Excel 电子表格计算在等额本息法和等额本金法两种还款方式下，每月的还款额、应还本金、应还利息及贷款余额。

（2）比较上述两种偿还方式的偿还额，分析两种还款方式发生差异的原因，并说明不同还款方式的特点，以及在选择还款方式时会考虑的因素。

(3) 利用 Excel 财务函数 PMT、PPMT 和 IPMT 快速计算在等额本息法还款方式下，贷款第 5 至 8 年每年最后一个月的还款额、应还本金及应还利息，并与（1）的计算核对。

(4) 登录中国工商银行网站，利用网站提供的贷款计算器计算有关内容，并检验与上述计算的一致性。

3. 实训组织方式及步骤

本实训安排在相关理论知识讲授结束之后进行，在实训教师的组织和指导下，每位学生独立完成实训。学生利用课余时间到附近银行对个人住房贷款业务进行实地考察之后，以班级为单位统一在财务管理模拟实验室内进行实训。实验室需配备能上网的计算机，并装有 Excel 等软件。实训步骤如下。

（1）实地访问中国人民银行、中国工商银行、中国建设银行等或登录其相应的网站，查找现行人民币贷款基准利率，完成表 1-9。

表 1-9 金融机构人民币贷款基准利率

序号	A	B
1	项目	年利率/%
2	一、短期贷款	
3	6 个月以内（含 6 个月）	
4	6 个月至 1 年（含 1 年）	
5	二、中长期贷款	
6	1～3 年（含三年）	
7	3～5 年（含五年）	
8	5 年以上	
9	三、贴现	
10	四、个人住房公积金贷款	
11	5 年以下（含 5 年）	
12	5 年以上	

（2）实地访问中国工商银行、中国建设银行、上海浦东发展银行、中国民生银行等商业银行，或登录其相应的银行网站，了解各银行提供的个人贷款业务的相关规定，尤其包括个人住房公积金贷款和个人住房商业贷款的申请条件、贷款额度、贷款期限、贷款利率、还款方式等相关规定。

（3）在 Excel 电子表格中计算在等额本息法和等额本金法两种还款方式下每月的还款额、应还本金、应还利息及贷款余额，表格内容与格式设计见表 1-10、表 1-11。（提示：利用 Excel 电子表格自动填充功能能够更快地完成计算过程。）

表 1-10 个人住房贷款分期付款时间表（等额本息法）

月份	A	B	C	D	E	F	G	H
1	公积金贷款利率					财务函数应用		
2	还款期	月还款额	应还本金	应还利息	贷款余额	PMT	PPMT	IPMT
3	0							
4	1							
5	2							
6	3							
7	4							
8	5							
9	6							
10	7							
11	8							
⋮	⋮							
63	60							
⋮	⋮							
75	72							
⋮	⋮							
87	84							
⋮	⋮							
243	240							
244	合计							

表 1-11 个人住房贷款分期付款时间表（等额本金法）

月份	A	B	C	D	E
1	公积金贷款利率				
2	还款期	月还款额	应还本金	应还利息	贷款余额
3	0				
4	1				
5	2				
6	3				
7	4				
8	5				
9	6				
10	7				
11	8				
⋮	⋮				

月份	A	B	C	D	E
243	240				
244	合计				

根据上述计算结果，实训教师引导学生分析两种还款方式下还款额发生差异的原因、不同还款方式的特点，以及选择还款方式时考虑的因素。

（4）利用 Excel 财务函数 PMT、PPMT 和 IPMT 分别计算表 1-10 中单元格 F63：H63、F75：H75、F87：H87 的内容，得出贷款第 5 至 7 年每年最后一个月的还款额、应还本金及应还利息，并将其结果与（1）的计算核对。

（5）登录中国工商银行网站，利用网站提供的个人贷款计算器（如图 1-2 所示）进行计算，并将最终计算结果列示出来。

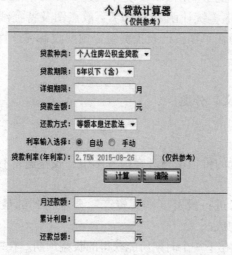

图 1-2 中国工商银行个人贷款计算器

模块二 风险与收益实训

一、实训目的

通过互联网或其他途径查找上市公司的股价及其他相关信息，了解上市公司的基本情况；学会利用股票收盘价等信息度量投资的实际收益率（离散型与连续型）与风险；掌握单项资产预期收益率的计算，利用方差、标准差、标准离差率进行风险度量，利用正态分布进行投资收益率分析；熟练掌握投资组合预期收益率与风险的度量，理解两项资产收益率之间的协方差及相关系数，并能够利用 Excel 统计函数 COVAR、CPRREL 进行计算；熟练应用 Excel 软件中的回归分析技术、统计函数 SLOPE、散点图及特征线等度量系统风险——β 系数；掌握资本资产定价模型在单项资产及投资组合预期收益率计算中的应用。

二、理论知识点

（一）收益与风险的含义、分类

1. 收益

收益一般是指初始投资的价值增量。在财务学中，收益通常有必要收益率、预期收益率与实际收益率之分。

必要收益率是指投资者进行投资（购买资产）要求得到的最低收益率，通常由无风险收益率和风险溢价两部分构成。

预期收益率是指投资者在下一个时期所能获得的收益预期。在一个完善的资本市场中，如果证券的价格为公平市价，所有投资的净现值都为零，此时，预期收益率等于必要收益率。

实际收益率是指在特定时期实际获得的收益率，它是已经发生的、不可能通过这一次决策改变的收益率。由于存在风险，实际收益率很少与预期收益率相同，这两者之间的差异越大，风险就越大；反之亦然。

2. 风险

风险是与收益相伴而生的另一个概念。从财务学的角度来说，风险是指资产未来实际收益相对于预期收益变动的可能性和变动幅度。

一般根据风险的不同特征将其进行分类。按照是否可以分散，风险分为系统风险和非系统风险；按照形成的来源，风险分为经营风险和财务风险。

（二）收益与风险的衡量

1. 必要收益率与风险的衡量

在没有通货膨胀的影响下，必要收益率包括两部分：一部分是资金的时间价值，即无风险收益率；另一部分是风险溢价，即风险报酬率。风险溢价是对投资者承担风险进行投资的一种价值补偿，风险越高，这种价值补偿越大。因此，收益与风险是一种对等关系，从整个资本市场来平均看，等量风险会带来等量收益，即风险与收益的均衡。

2. 实际收益率与风险的衡量

实际收益率是指投资者在一定期间实现的收益率。假设投资者在第 $t-1$ 期期末购买股票，在第 t 期期末出售该股票，则第 t 期股票投资收益率可按离散型与连续型两种方法计算。

离散型股票投资收益率可定义为：

$$r_t = \frac{P_t - P_{t-1} + D_t}{P_{t-1}} \tag{1-1}$$

式中：r_t 表示第 t 期股票投资收益率；P_t 和 P_{t-1} 分别表示第 t 期和第 $t-1$ 期股票价格；D_t 表示第 t 期股利。

连续型股票投资收益率可定义为：

$$r_t = \ln\left(\frac{P_t + D_t}{P_{t-1}}\right) \tag{1-2}$$

连续型股票投资收益率比离散型股票投资收益率要小，但一般差别不大。

值得注意的是，上述计算公式不仅适用于计算已投资股票的实际收益率（根据历史数据计算），也适用于预测未来股票的投资收益率（根据未来股价及股利的预期数据计算）。

式（1-1）与式（1-2）用于对股票持有单一期间收益率的衡量；而在一个多期投资中，给定各期的收益率，可以计算持有期间的平均收益率，包括算术平均收益率（$\bar{r}_{AM}$）和几何平均收益率（$\bar{r}_{GM}$）。其计算公式分别为：

$$\bar{r}_{AM} = \sum_{i=1}^{n} r_i / n \tag{1-3}$$

$$\bar{r}_{GM} = \left[(1+r_1)(1+r_2)\cdots(1+r_n)\right]^{1/n} - 1 \tag{1-4}$$

式中：$\bar{r}_{AM}$、$\bar{r}_{GM}$ 分别表示算术平均收益率和几何平均收益率；r_i 代表收益率系列数据（r_1，r_2，…，r_n，n 是序列观测值的数目）。

投资风险通常采用收益率的方差（σ^2）和标准差（σ）两种统计量来衡量。它们是观测值与其均值之间离散程度的衡量指标。其计算公式如下：

$$\text{VARP}(r) = \sigma^2 = \frac{1}{n} \sum_{i=1}^{n} (r_i - \bar{r})^2 \tag{1-5}$$

$$\text{VAR}(r) = \sigma^2 = \frac{1}{n-1} \sum_{i=1}^{n} (r_i - \bar{r})^2 \tag{1-6}$$

$$\text{STDEVP}(r) = \sigma = \sqrt{\text{VARP}(r)} \tag{1-7}$$

$$\text{STDEV}(r) = \sigma = \sqrt{\text{VAR}(r)} \tag{1-8}$$

通常，方差与标准差越大，说明收益率围绕其平均值变化的程度越剧烈，收益率有很大的不确定性，投资风险较高。

在 Excel 软件中可以借助于相关函数计算实际收益率的方差与标准差，见表 1-12。

表 1-12 Excel 软件中方差与标准差度量函数

函数	函数功能	输入方式
VAR	基于给定样本的方差	VAR（number1，number2，…）
VARP	基于给定样本总体的方差	VARP（number1，number2，…）
STDEV	基于给定样本的标准偏差	STDEV（number1，number2，…）
STDEVP	基于给定样本总体的标准偏差	STDEVP（number1，number2，…）

3. 预期收益率与风险的衡量

估计预期收益率通常有两种方法：一种是把某项资产收益历史数据的样本均值作为估计数，这种方法假设该项资产未来收益的变化服从其历史上实际收益的大致概率分布；另一种是根据未来影响收益的各种可能结果及其概率分布大小估计预期收益率。

1) 单项资产的预期收益率

单项资产的预期收益率是该项资产在各种可能情况下收益率的加权平均数，权数为各种可能情况出现的概率。其计算公式为：

$$E(r) = \sum_{i=1}^{n} r_i P_i \tag{1-9}$$

式中：$E(r)$ 表示预期收益率；r_i 表示在第 i 种可能情况下的收益率；P_i 表示第 i 种可能情况出现的概率；n 表示可能情况的个数。

2) 单项资产的风险

单项资产预期收益率的风险也可采用方差（σ^2）和标准差（σ）来衡量，表示未来可能收益水平围绕预期收益率变化的程度。其计算公式分别为：

$$\sigma^2 = \sum_{i=1}^{n} [r_i - E(r)]^2 P_i \tag{1-10}$$

$$\sigma = \sqrt{\sum_{i=1}^{n} [r_i - E(r)]^2 P_i} \tag{1-11}$$

预期收益率相同的投资项目进行风险比较，方差与标准差越大，说明该项投资的风险越大；但预期收益率不相同的投资项目，不能直接通过方差或标准差来比较项目之间的风险状况，而需要通过标准离差率（CV）实现。标准离差率是标准差与预期收益率之比，将标准差单位化，度量单位投资收益的风险。其计算公式为：

$$CV = \frac{\sigma}{E(r)} \tag{1-12}$$

标准离差率越大，投资项目风险越大。

3) 正态分布与投资收益率分析

如果投资收益率的概率分布符合正态分布，实际收益率将会有 68.26% 的概率落在预期收益率左右各 1 个标准差范围内，如图 1-3 所示。

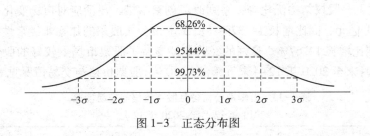

图 1-3 正态分布图

从图 1-3 中可以得出以下结论。

① 正态分布曲线下的面积等于 1。

② 正态分布的密度函数是对称的,并呈钟形。这意味着实际收益率有 50% 的可能会小于预期收益率。

③ 在正态分布曲线下,收益率围绕其均值左右各 1 个标准差区间波动的概率为 68.26%;收益率围绕其均值左右各 2 个标准差区间波动的概率为 95.44%;收益率围绕其均值左右各 3 个标准差区间波动的概率为 99.73%。

④ 对于正态分布而言,标准差越大,说明实际收益率变化的差异越大。

在正态分布下,通过均值和标准差能够确定分布的全部性质。标准化的正态分布 Z 统计量可按下列公式计算:

$$Z = \frac{r - \mu}{\sigma} \tag{1-13}$$

式中:μ 表示收益率均值;Z 表示收益率(r)偏离收益率标准差的个数。

利用式(1-13),结合标准正态分布图,可以估计实际收益率落在某一区间的概率。在 Excel 软件中,则可以借助函数 NORMDIST 来实现。该函数返回指定平均值和标准偏差的正态分布函数,其输入方式为:NORMDIST(x, mean, standard_dev, cumulative)。其中,x 为需要计算其分布的数值;mean 为分布的算术平均值;standard_dev 为分布的标准偏差;cumulative 为一逻辑值,指明函数的形式。如果 cumulative 为 TRUE,返回累积分布函数;如果为 FALSE,返回概率密度函数。

三、实训内容

(一)实际收益率与风险的衡量

1. 情景资料

宜宾五粮液股份有限公司(000858)(下称五粮液公司)由四川省宜宾五粮液酒厂于 1998 年 4 月独家发起设立,始以发起人净资产投入折为发起人股 24 000 万股,1998 年 3 月 27 日在深交所上网定价发行后,上市时总股本达 32 000 万股,其内部职工股 800 万股于公众股 7 200 万股 1998 年 4 月 27 日在深交所上市交易期满半年后上市。截至 2020 年 12 月 31 日,五粮液公司总股本 388 160.800 5 万股,其中,宜宾市国有资产经营有限公司作为其第一大股东持股占比为 34.43%。

五粮液公司主要从事酒类产品的生产、销售及物业管理等。2020 年五粮液公司主动适应国家经济发展新常态,审时度势,通过实施发展战略调整、营销模式创新、生产系统改革、管理部门改革、股权结构优化等一系列改革创新举措，灵活应对市场变化，全年实现营业总收入 573.21 亿元，同比增长 14.37%；归属上市公司股东的扣除非经常性损益的净利润 199.55 亿元，同比增长 14.67%。良好的经营业绩支持了股票市场上较好的股价表现。经查询，2019 年 12 月末至 2020 年 12 月末五粮液公司各月股票价格与交易情况见表 1-13。

表 1-13 五粮液公司各月股票价格与交易情况
2019 年 12 月至 2020 年 12 月

日期	开盘价/元	收盘价/元	最高价/元	最低价/元	成交额/元
2019-12-31	133.00	133.01	134.12	132.10	2 597 567 600
2020-01-23	131.77	126.16	131.77	125.00	5 294 268 800
2020-02-28	124.00	120.60	124.03	119.00	4 445 668 100
2020-03-31	115.00	115.20	116.59	114.06	2 179 898 600
2020-04-30	135.50	135.77	139.20	134.02	3 121 490 900
2020-05-29	145.00	148.20	148.59	144.83	2 408 655 800
2020-06-30	168.54	171.12	171.67	168.50	3 238 678 100
2020-07-31	216.51	217.50	221.01	214.28	5 707 639 400
2020-08-31	242.00	240.50	246.70	240.00	7 691 010 300
2020-09-30	221.00	221.00	225.00	220.10	3 608 733 500
2020-10-30	246.95	244.35	250.00	243.27	5 883 433 100
2020-11-30	260.65	254.00	261.99	253.65	5 419 775 800
2020-12-31	288.01	291.85	294.47	288.00	4 661 694 400

2. 实训要求

如果某投资者于 2019 年 12 月 31 日按当日收盘价购买五粮液公司股票，并持有至 2020 年 12 月 31 日。

（1）根据五粮液公司 2019 年 12 月至 2020 年 12 月的月收盘价资料，采用离散型和连续型两种方法计算该股票投资每月的月收益率。

（2）根据（1）中按离散型计算的该股票投资每月的月收益率，分别采用算术平均法和几何平均法计算持有期间（2019 年 12 月 31 日至 2020 年 12 月 31 日）该股票投资的月平均收益率。

（3）根据（1）中按离散型计算的该股票每月的月收益率，以及（2）中按算术平均法计算出的月平均收益率计算该股票月收益率的方差和标准差，并将月标准差转化为年标准差。

3. 实训组织方式及步骤

本实训在实训教师的组织和指导下，由学生自主完成实训。实训前学生要熟悉实际收益率与风险衡量的相关理论知识。实训过程中,首先由实训教师以五粮液公司为例,引导学生利用互联网查找其股票交易相关的信息,并按照实训要求完成实训内容。然后,由学生自行选择几家上市公司的股票,参考五粮液公司的实际收益率与风险衡量的过程独立进行实训。实训主要在财务管理模拟实验室中进行。实验室需配备能上网的计算机,并装有 Excel 等软件。实训的具体步骤如下。

(1) 登录相关的财经网站,如通过巨潮资讯查询五粮液公司股票的基本交易情况。通过"行情走势"—"历史行情",按照设定日期范围即可查询所需的开盘价、最高价、收盘价、最低价以及成交量与成交金额等信息。

(2) 利用 2019 年 12 月至 2020 年 12 月五粮液公司股票的收盘价信息,进行实际收益率与风险的衡量,按以下步骤完成表 1-14 的相关内容。

表 1-14 五粮液公司股票投资收益率与风险的衡量——计算表
2019 年 12 月至 2020 年 12 月

序号	A	B	C	D	E	F
1	日期	月收盘价/元	收益率(r_i)		$r_i - \bar{r}_{AM}$	$(r_i - \bar{r}_{AM})^2$
2			离散型	连续型		
3	2019-12-31	133.01				
4	2020-01-23	126.16				
5	2020-02-28	120.60				
6	2020-03-31	115.20				
7	2020-04-30	135.77				
8	2020-05-29	148.20				
9	2020-06-30	171.12				
10	2020-07-31	217.50				
11	2020-08-31	240.00				
12	2020-09-30	221.00				
13	2020-10-30	244.35				
14	2020-11-30	254.00				
15	2020-12-31	291.85				
16	合计					
17	算术平均值(月)					
18	几何平均值(月)			样本总体方差(月)		
19				样本总体标准差(月)		
20				样本总体标准差(年)		

① 根据离散型和连续型股票投资收益率的计算公式,计算每月的投资收益率,完成单元格 C4:C15,D4:D15 区域的内容。

② 根据①中计算的离散型每月的投资收益率,计算该持有期间平均收益率,包括算术平均收益率(C16:C17)和几何平均收益率(C18)。

③ 计算该股票投资收益率的月方差(F18)、月标准差(F19)和年标准差(F20)。

(3) 上述计算过程及结果见表 1-15，由学生独立完成（2）的相关内容后进行核对与检验。

表 1-15　五粮液公司股票投资收益率与风险的衡量——计算结果

2019 年 12 月至 2020 年 12 月

序号	A	B	C	D	E	F
1	日期	月收盘价/元	收益率（r_i）		$r_i - \bar{r}_{AM}$	$(r_i - \bar{r}_{AM})^2$
2			离散型	连续型		
3	2019-12-31	133.01				
4	2020-01-23	126.16	-5.15%	-5.29%	-12.43%	1.55%
5	2020-02-28	120.60	-4.41%	-4.51%	-11.69%	1.37%
6	2020-03-31	115.20	-4.48%	-4.58%	-11.76%	1.38%
7	2020-04-30	135.77	17.86%	16.43%	10.58%	1.12%
8	2020-05-29	148.20	9.16%	8.76%	1.88%	0.04%
9	2020-06-30	171.12	15.47%	14.38%	8.19%	0.67%
10	2020-07-31	217.50	27.10%	2.40%	19.82%	3.93%
11	2020-08-31	240.00	10.34%	9.84%	3.06%	0.09%
12	2020-09-30	221.00	-7.92%	-8.25%	15.2%	2.31%
13	2020-10-30	244.35	10.57%	10.05%	3.29%	0.11%
14	2020-11-30	254.00	3.95%	3.87%	-3.33%	0.11%
15	2020-12-31	291.85	14.90%	13.89%	7.62%	0.58%
16	合计		87.39%	56.99%		13.25%
17	算术平均值（月）		7.28%			
18	几何平均值（月）		6.76%	样本总体方差（月）		1.104%
19				样本总体标准差（月）		10.51%
20				样本总体标准差（年）		36.41%
21	注：(1) 每月的投资收益率 C4=(B4-B3)/B3，C5:C15 依此填充；D4=LN(B4/B3)，D5:D15 依此填充 (2) 持有期间月平均收益率 算数平均收益率： C16=SUM(C4:C15)；C17=C16/12，或者 C17=AVERAGE(C4:C15) 几何平均收益率： C18=((1+C4)*(1+C5)*(1+C6)*(1+C7)*(1+C8)*(1+C9)*(1+C10)*(1+C11)*(1+C12)*(1+C13)*(1+C14)*(1+C15))^(1/12)-1，或者 C18=(B15/B3)^(1/12)-1 (3) 投资风险（月收益率方差与标准差） E4=C4-\$C\$17，E5:E15 依此填充；F4=E4^2，F5:F15 依此填充；F16=SUM(F4:F15)；F18=F16/12；F19=SQRT(F18)；F20=F19*SQRT(12) 也可利用 Excel 财务函数直接计算月收益率的方差和标准差，即 F18=VARP(C4:C15)，F19=STDEVP(C4:C15)					

(4) 学生独立选取两家上市公司，下载其近 60 个月的月收盘价（注意调整股利政策），制成 Excel 表格。参考五粮液公司股票投资实际收益率与风险的衡量过程，利用 Excel 表格计算这两家公司股票投资风险与收益的相关指标，并对两公司的风险程度进行比较。

（二）预期收益率与风险的衡量

1. 情景资料

假设某投资者拥有 20 000 元，拟从 A、B、C 三家公司的股票中选择一家公司的股票进行投资。该投资者了解到三家公司的基本情况为：A 公司主要从事计算机应用服务行业，经营范围是电子计算机软件、硬件及外部设备的技术开发、技术咨询、技术转让、技术服务、技术培训等；B 公司是一家汽车制造企业，主要从事轻型越野汽车及其零部件制造、销售，并提供与上述产品相关的技术咨询服务；C 公司是一家日用电子器具制造企业，主要从事家用电器、电子产品及零配件、通信设备、计算机及其他电子设备、电子电工机械、电池系列产品、电子医疗产品、电力设备等的生产。该投资者根据当前市场以及各公司的实际情况等分别预测三家公司股票的未来收益率及其概率分布，见表 1-16。

表 1-16 A、B、C 三家公司股票的未来收益率及其概率分布

A 股票		B 股票		C 股票	
收益率	概率	收益率	概率	收益率	概率
-20%	0.10	-10%	0.05	-15%	0.15
-5%	0.20	-5%	0.35	-6%	0.25
12%	0.25	8%	0.35	10%	0.30
20%	0.30	12%	0.10	12%	0.20
30%	0.15	20%	0.15	15%	0.10

2. 实训要求

（1）分别计算 A、B、C 三家公司股票的预期收益率与方差、标准差。
（2）比较三种股票的风险程度，从风险与收益的角度进行投资选择。
（3）如果 A、B、C 三家公司股票的收益率均符合连续正态分布，分别计算三家公司股票实际收益率在 5% 以上的概率。

3. 实训组织方式及步骤

本实训在学生熟练掌握单项资产投资的预期收益率与风险度量的基础上进行。在实训教师的组织和指导下，由学生利用 Excel 电子表格自主完成实训。实训主要在财务管理模拟实验室中进行。实验室需配备能上网的计算机，并装有 Excel 等软件。实训的具体步骤如下：

（1）根据实训条件与要求设计 Excel 电子表格，见表 1-17。

表 1-17　A、B、C 三家公司股票的预期收益率与风险

序号	A	B	C	D	E	F	G
1	类别	收益率	概率	预期收益率	方差	标准差	标准离差率
2	A 股票	-20%	0.10				
3		-5%	0.20				
4		12%	0.25				
5		20%	0.30				
6		30%	0.15				
7		合计	1.00				
8	A 股票收益率大于 5% 的概率						
9	B 股票	-10%	0.05				
10		-5%	0.35				
11		8%	0.35				
12		12%	0.10				
13		20%	0.15				
14		合计	1.00				
15	B 股票收益率大于 5% 的概率						
16	C 股票	-15%	0.15				
17		-6%	0.25				
18		10%	0.30				
19		12%	0.20				
20		15%	0.10				
21		合计	1.00				
22	C 股票收益率大于 5% 的概率						

（2）根据单项资产预期收益率、方差、标准差、标准离差率的计算公式，利用 Excel 电子表格分别度量 A、B、C 三种股票的风险与收益，完成表 1-17 中 D2：G7，D9：G14，D16：G21 单元格区域中的相关内容，并根据计算结果进行风险评估与投资选择。

（3）利用 Excel 软件中的 NORMDIST 函数分别计算 A、B、C 三家公司股票实际收益率大于 5% 的概率，完成表 1-17 中单元格 G8、G15 和 G22 的内容。

模块三　成本性态分析实训

一、实训目的

通过对财务预算与成本性态分析的实验,掌握成本性态分析的基本原理;熟练运用成本性态分析的基本公式;掌握利润的影响因素;熟练掌握确定目标利润的基本方法;熟练掌握贡献边际法;掌握贡献边际、变动成本、安全边际、保本作业率等相关概念;熟练掌握全面预算的编制方法。

二、理论知识点

(一)本量利分析

1. 本量利分析的基本含义

本量利分析(cost volume profit analysis,CVP分析)是成本-业务量-利润关系分析(analysis of cost volume profit relationship)的简称。

2. 本量利分析的基本假定

本量利分析所建立和使用的有关数学模型和图形,以下列基本假定为前提条件。

1)成本性态分析的假定

假定成本性态分析工作已经完成,全部成本已经被区分为变动成本与固定成本两部分,有关的成本性态模型已经建立起来。

2)相关范围及线性假定

假定在一定时期内,业务量总是在保持成本水平和单价水平不变所能允许的范围内变化,于是固定成本总额的不变性和变动成本单位额的不变性在相关范围内能够得以保证,成本函数表现为线性方程:$y=a+bx$。

3)产销平衡和品种结构稳定的假定

只生产一种产品的企业,假定生产出来的产品总是可以找到市场,可以实现产销平衡;生产多产品的企业,假定在以价值形式表现的产销总量发生变化时,原来的各种产品的产销额在全部产品的产销总额中所占的比重不发生变化。

4)变动成本法的假定

假定产品成本是按变动成本法计算的,即产品成本中只包括变动生产成本,而所有的固定成本(包括固定制造费用在内)均作为期间成本处理。

5)目标利润的假定

管理会计学中,本量利分析中的利润通常是指"息税前利润",在我国由于没有这个概念,只能从营业利润、利润总额或净利润三个指标中选一个,考虑到营业利润与成本、业务量的关系比较密切，在本书的本量利分析中，除特殊说明以外，利润因素总是指营业利润。

3. 本量利关系的基本公式

本量利分析所考虑的相关因素主要包括固定成本（用 a 表示）、单位变动成本（用 b 表示）、产量或销售量（用 x 表示）、单价（用 p 表示）、销售收入（用 px 表示）和营业利润（用 P 表示）等。

1) 基本的损益方程式

目前多数企业都使用损益法来计算利润，即首先确定一定期间的收入，然后计算与这些收入相对应的成本，两者之差为期间利润：

$$利润 = 销售收入 - 总成本 \tag{1-14}$$
$$销售收入 = 单价 \times 销售量 \tag{1-15}$$

假设产量和销售量相同，则有：

$$P = px - bx - a \tag{1-16}$$

式（1-16）是明确表达本量利之间数量关系的基本方程式，它含有 5 个相互联系的变量，给出其中 4 个，便可求出余下的一个变量的值。

当规划期间利润时，通常把单价、单位变动成本和固定成本视为稳定的常量，只有销售量和利润两个自由变量。当给定销售量时，可利用方程式直接计算出利润；当给定目标利润时，可直接计算出应达到的销售量。

2) 包含期间成本的损益方程式

为符合多步式利润表的结构，不仅要分解产品成本，还要分解销售费用、管理费用等期间费用。将它们分解后，方程式为：

$$\begin{aligned}税前利润 =\ & 销售收入 - (变动销售成本 + 固定销售成本) - (变动销售和管理费用 + \\ & 固定销售和管理费用) \\ =\ & 单价 \times 销售量 - (单位变动销售成本 + 单位变动销售和管理费用) \times \\ & 销售量 - (固定产品成本 + 固定销售和管理费用)\end{aligned} \tag{1-17}$$

3) 计算税后利润的损益方程式

所得税是根据利润总额和所得税税率计算的，并从利润总额中减除。所得税既不是变动成本，也不是固定成本。

$$\begin{aligned}税后利润 &= 利润总额 - 所得税 \\ &= 利润总额 - 利润总额 \times 所得税税率 \\ &= 利润总额 \times (1 - 所得税税率)\end{aligned} \tag{1-18}$$

将损益方程式代入上面的利润总额，可得：

$$税后利润 = (px - bx - a)(1 - T) \tag{1-19}$$

式中：T 表示所得税税率。

4. 边际贡献及其相关指标的计算公式

在本量利分析中，边际贡献（contribution margin，CM）是一个十分重要的概念。所谓边际贡献，是指产品的销售收入与相应变动成本之间的差额，又称贡献边际、贡献毛益、边际利润或创利额。

(1) 基本的边际贡献方程式。

$$P = CM \cdot x - a \qquad (1-20)$$

(2) 边际贡献率(CMR)方程式。

因为:

$$CMR = CM \cdot x/px \qquad (1-21)$$

$$边际贡献 = 销售收入 \times 贡献边际率 \qquad (1-22)$$

$$利润 = 边际贡献 - 固定成本 \qquad (1-23)$$

所以:

$$利润 = 销售收入 \times 边际贡献率 - 固定成本 \qquad (1-24)$$

(3) 加权平均边际贡献率方程式。在生产多种产品的企业中,要进行相关的利润预测就要计算多种产品的加权平均边际贡献率。

$$加权平均边际贡献率 = \frac{\sum 各产品边际贡献}{\sum 各产品销售收入} \times 100\% \qquad (1-25)$$

$$利润 = 销售收入总额 \times 加权平均边际贡献率 - 固定成本 \qquad (1-26)$$

5. 本量利分析的基本内容

本量利分析包括以下基本内容:
① 单一品种的保本分析;
② 盈利条件下单一品种的本量利分析;
③ 单一品种的本量利关系图;
④ 多品种条件下的本量利分析。

(二) 影响利润的因素变动分析

在此部分主要研究两个问题:一是当产销量、成本和价格发生变化时,测定其对利润的影响;二是当目标利润发生变化时,分析实现目标利润所需要的产销量、收入和支出。

1. 因素单独变化对利润的影响分析

企业往往在出现以下三种情况时需要进行利润预测:一是当外界单一因素发生变化时,测定该因素会对目标利润产生怎样的影响,如原材料价格的上涨导致企业成本上升、市场环境的恶化,使企业间的价格竞争更为激烈,从而迫使企业降价或者由于企业产品打开国际市场从而使产销量大增等;二是当企业积极主动采取措施使成本、价格、销售量发生变化时,需要重新测定利润;三是一种以上的因素发生关联变化时,需要重新测定利润。这种情况计算比较复杂,但在实际经营中,往往因素之间不是单独变化的,比如广告成本的上升引起销售量的增加等,这时候往往利用计算机进行相关计算。

2. 为实现目标利润而采取的措施

通常来说,可以通过采取单项措施来实现利润目标,如降低固定成本或者单位变动成本、提高销售量,也可以通过采取综合措施来实现既定目标利润。

3. 经营杠杆系数在利润预测中的应用

1) 预测产销业务量变动对利润的影响

在已知经营杠杆系数（DOL）、基数利润（P）和产销量变动率（K）的情况下，可按下列公式预测未来利润变动率（K_1）和预测利润额（P_1）：

$$K_1 = K \cdot DOL \tag{1-27}$$

$$P_1 = P \cdot (1 + K \cdot DOL) \tag{1-28}$$

2) 预测为实现目标利润应采取的调整产销量措施

$$K = \frac{K_1}{DOL} \times 100\% \tag{1-29}$$

三、实训内容

（一）本量利分析——单一品种下生产工艺流程是否改变决策

1. 情景资料

甲公司是一家零件制造企业，产能是每月生产 6 000 个零件。甲公司现在计划用高自动化生产工艺取代原来的劳动密集型生产工艺，这种做法每月将增加固定制造成本 25 000 元，但是能减少单位变动成本 4 元。甲公司资料见表 1-18。

表 1-18 甲公司资料   元

项目	金额/元
销售收入（6 000 件，20 元/件）	120 000
变动制造费用	60 000
变动销售费用	30 000
变动成本总额	90 000
边际贡献	30 000
固定制造费用	20 000
固定销售费用	5 000
固定成本总额	25 000
营业利润	5 000

2. 实训要求

（1）计算传统生产工艺下的保本量。
（2）计算自动化生产工艺下的保本量。
（3）如果公司采用自动化生产工艺，计算每月的营业利润。
（4）通常情况下，新的工艺无法改变企业产品的市场占有率，则在企业销量为 6 000 件不变时，判断企业是否应该改变工艺，以及改变工艺会使企业利润发生何种变动。

3. 实训组织方式及步骤

本实训安排在相关理论知识讲授结束之后进行，在实训教师的指导下，由学生本人独立完成。在实训过程中，首先根据实训内容由实训教师讲授理论知识，并针对重点予以实例演示。实训主要在财务管理模拟实验室中进行。实验室需配备计算机，并装有 Excel 等软件。实训步骤如下。

（1）计算传统生产工艺下的保本量（见表1-19）。

表1-19 传统生产工艺下的保本量计算演示表　　　　　　　　　　　　　　元

A	B	C
1	单位变动成本	
2	变动制造费用	60 000
3	变动销售费用	30 000
4	变动成本合计	90 000
5	销售量	6 000
6	固定制造费用	20 000
7	固定销售费用	5 000
8	固定成本总额	25 000
9	单价	20
10	单位边际贡献	
11	保本量	

（2）计算自动化生产工艺下的保本量（见表1-20）。

表1-20 自动化生产工艺下的保本量计算演示表　　　　　　　　　　　　　元

A	B	C
1	传统工艺单位变动成本	
2	销售量	6 000
3	固定制造费用	
4	固定销售费用	5 000
5	固定成本总额	
6	单价	20
7	单位边际贡献	
8	保本量（保留整数）	

（3）如果公司采用自动化的生产工艺，计算每月的营业利润（见表1-21）。

表1-21 自动化生产工艺下的营业利润计算演示表　　　　　　　　　　　　元

A	B	C
1	销售收入	
2	单位变动成本	
3	变动成本总额	
4	固定成本总额	
5	营业利润	

(4)判断标准：自动化工艺是否带来更多的利润。

(二) 本量利分析——服务行业的保本点和利润分析

1. 情景资料

乙公司全资拥有和经营一个度假村。该度假村包括客房部、商务中心、餐厅和各种健身设施。该度假村编制了一份详细的营业旺季的预算。营业旺季历时 20 周，其中高峰期为 8 周。客房部拥有 80 个单人房间和 40 个双人房间，双人房间的收费为单人房间的 1.5 倍。

成本资料如下。

(1) 客房部：单人房的变动成本为 26 元/天，双人房为 35 元/天，固定成本为 713 000 元。
(2) 健身设施：住客每天收费 4 元/人，散客每天收费 10 元/人，固定成本为 54 000 元。
(3) 餐厅：每天每个客人给餐厅带来 3 元的边际贡献，固定成本为 25 000 元。
(4) 商务中心：出租商务中心可增加边际贡献总额 55 000 元，固定成本为 15 000 元。商务中心客人的估计数已经包含在其他方面的预计中。
(5) 预订：营业高峰期客房部所有房间都已经被预订。在其余 12 周里，双人房客满率为 60%，单人房客满率为 70%。散客为 50 人/天（假定不考虑 12 周中的房间饱和问题，即每天散客按照 50 人计算）。假定所有的住客和散客都使用健身设施并在餐厅用餐。

假定双人房间每次均同时住两个人。

2. 实训要求

(1) 如果要求客房部的利润为 300 000 元，那么单人房和双人房的收费应该各是多少？客房部的保本点为多少？（保留两位小数）
(2) 如果客房部利润为 300 000 元，则度假村的总利润可以达到多少？

3. 实训组织方式及步骤

本实训安排在相关理论知识讲授结束之后进行，学生要具备变动成本和固定成本的基础知识。在此基础上及实训教师的指导下，由学生本人独立完成。在实训过程中，根据实训内容由实训教师讲授理论知识，并针对重点予以实例演示。

实训主要在财务管理模拟实验室中进行。实验室需配备计算机，并装有 Excel 等软件。实训步骤如下。

(1) 计算营业旺季租房人次（可按照约当产量的概念，一个双人房间约等于一个半单人房间）。
(2) 计算租房人次合计和住客人次合计。
(3) 计算单人房房价保本点和双人房房价保本点。
(4) 编制度假村的利润预算表（见表 1-22）。

表 1-22 度假村的利润预算表　　　　　　　　　　　　　　　　　　　　　元

项目	收入成本资料	部门利润
客房部		
健身设施		

续表

项目	收入成本资料	部门利润
收入：住客		
散客		
收入合计		
固定成本		
部门利润		
餐厅		
边际贡献		
固定成本		
部门利润		
商务中心		
边际贡献		
总利润（四部门合计）		

（三）本量利分析——保本点的敏感性分析

1. 情景资料

某小镇有一个加油站，加油站内开设了一家卖报纸和杂货的商店，居民在该商店本地区的消费额每月达到 3 600 元。除此之外，来加油的顾客也会常常光临这家商店。

经理估计，车主每花费 100 元加油时会在商店消费 20 元。在汽油销售量波动时，这个比率维持不变。该商店的销售额与汽油的销售额是独立核算的。

汽油的边际贡献率为 18%，而商店中货品的边际贡献率为 30%。假设汽油销售价格为 2.8 元/升，每月的销售量为 16 000 升。

该加油站租金每年为 4 500 元，在一年中平均摊销，而工人每月工资额为 2 600 元。

经理非常关心将来的销售额，因为近期的一个公路发展计划会使加油站的生意变得不乐观，汽油销售量对本加油站的利润影响最大。

2. 实训要求

（1）计算每月的利润、汽油销售的保本量。
（2）进行保本点的敏感性分析。

3. 实训组织方式及步骤

本实训安排在本量利知识讲授结束之后进行，学生要具备边际贡献的基础知识。在此基础上和实训教师的指导下，由学生本人独立完成。在实训过程中，首先根据实训内容由实训教师讲授理论知识，并针对重点予以实例演示。

实训主要在财务管理模拟实验室中进行。实验室需配备计算机，并装有 Excel 等软件。实训步骤如下：

（1）依照公式计算保本点和现有销售状态下的利润。

（2）计算为实现保本，成本的最大增加幅度和销售量的最大下降幅度。

巩固练习

1. 某人欲购小汽车，有两种付款方式。方式一：一次性付清，价款为 20 万元。方式二：从购车的第一年年末起，每年年末付 5 万元，5 年付清，折现率为 10%。

问题：（1）用现值比较哪种方式对购车者有利？

（2）用终值比较哪种方式对购车者有利？

（3）对买卖双方公平的分期付款额应是多少？

2. 李先生准备购买一套新房，开发商提供了两种付款方案让李先生选择：方案一，从第 4 年年末开始支付，每年年末支付 2 万元，一共支付 8 年；方案二，按揭买房，每年年初支付 1.5 万元，一共支付 10 年。假设银行利率为 5%，问李先生应该选择哪种方案？

3. 某公司拟购置一处房产，房主提出两种付款方案：方案一，从现在起，每年年初支付 20 万元，连续支付 10 次；方案二，从第五年开始，每年年初支付 25 万元，连续支付 10 次。

问题：假设公司的资本成本率为 10%，你认为该公司应选择哪种方案？

4. 某公司 2017 年年初对甲设备投资 100 000 元，该项目 2017 年年初完工投产，2019 年、2020 年、2021 年年末预期收益各为 20 000 元、30 000 元、50 000 元；银行存款利率为 10%。

问题：（1）按复利计算 2019 年年初投资额的终值；

（2）按复利计算 2019 年年初各年预期收益的现值。

5. 某企业有 A、B 两个投资项目，计划投资额均为 1 000 万元，其收益（净现值）的概率分布见表 1-23。

表 1-23 投资项目的收益（净现值）概率分布

平均状况	概率	A 项目净现值/万元	B 项目净现值/万元
好	0.2	200	300
一般	0.6	100	100
差	0.2	50	−50

问题：（1）分别计算 A、B 两个项目净现值的期望值；

（2）分别计算 A、B 两个项目期望值的标准差；

（3）判断 A、B 两个项目的优劣。

第二部分 筹资管理实训

模块一 资本需要量的预测实训

一、实训目的

通过资本需要量预测实训,了解资本需要量预测的常用方法,重点掌握销售百分比预测法。

二、理论知识点

(一)资本需要量的预测方法

准确地预测企业的资本需要量,可以使企业有效地组织资源,既可以满足需要,又不至于闲置。资本需要量的预测方法主要有回归分析法和销售百分比法。

1. 回归分析法

回归分析法是指根据历史数据,建立资本需要量与经营业务量之间回归方程的方法。

如果资本需要量与经营业务量之间存在线性关系,可采用回归方程确定参数预测资本需要量,其预测模型为:

$$y=a+bx \tag{2-1}$$

式中:y 表示资本需要量;a 表示不变资本总额;b 表示单位业务量所需要的可变资本额;x 表示产销量。

2. 销售百分比法

1)定义

销售百分比法,是先假设某些资产与销售额存在稳定的百分比关系,然后根据销售与资产的比例关系预计资产额,根据资产额预计相应的负债和所有者权益,进而确定筹资需求量的方法。企业的销售规模扩大时,要相应增加流动资产;如果销售规模增加很多,还必须增加长期资产。为取得扩大销售所要增加的资产,企业需要筹措资金。这些资金,部分来自随销售收入同比例增加的流动负债,部分来自预测期的收益留存,其余通过外部筹资取得。

2)基本步骤

第一步,确定随销售额而变动的资产和负债项目。

随着销售额的变化,经营性资产将占用更多的资金。同时,随着经营性资产的增加,相应的经营性短期债务也会增加,如存货增加会导致应付账款增加,此类债务称为"自动性债务",可以为企业提供暂时性资金。经营性资产与经营性负债的差额通常与销售额保持稳定的比例关系。这里,经营性资产包括库存现金、应收账款、存货等项目;而经营性负债包括应付票据、应付账款等项目,不包括短期借款、短期融资券、长期负债等筹资性负债。

第二步，确定有关项目与销售额的稳定比例关系。

如果企业资金周转的营运效率保持不变，经营性资产项目与经营性负债项目将会随销售额的变动而成正比例变动，保持稳定的比例关系。企业应根据历史资料和同业情况，剔除不合理的资金占用，寻找稳定的比例关系。

第三步，确定需要增加的筹资数额。

预计由于销售增长而需要的资金需求增长额，扣除利润留存后，即为所需要的外部筹资额，即有如下公式：

$$外部资本需求总额 = 增量销售收入 \times \left(\frac{敏感性资产总额}{基期销售收入} - \frac{敏感性负债总额}{基期销售收入} \right) - 内部筹资数额 \quad (2-2)$$

式中，敏感性资产总额、敏感性负债总额是指与销售收入变动有关的资产类项目或负债类项目的现行数额。内部筹资数额可按式（2-3）计算：

$$内部筹资数额 = 预计净收益 \times (1-股利支付率) \quad (2-3)$$

（二）资本需要量的调整与分析

根据销售百分比法确定外部资本需要量后，还要确定外部资本需要量的筹措方式。不论负债筹资还是股权筹资都会影响预计利润表和预计资产负债表。例如，发行债券筹资会增加利息支出，发行股票筹资会增加股利支付，这些支出降低了预计的净收益和留存收益。因此，必须计算筹资回馈效应，重新调整预计的财务报表。

公司的股利政策和目标资本结构不是一成不变的，随着公司经营规模和盈利状况的变化，公司可通过改变财务方针或政策（如稳定股利支付政策、改善资产负债状况等）对公司的资本来源和资本结构进行调整。作为财务政策的调整量，可以是股东权益（改变股利分配额，增发或收回股票），也可以是公司债（增加或减少债务），还可以二者同时变动。公司在编制筹资计划时，可根据公司的财务政策进行适当调整。

以销售收入作为主要变量，预测财务报表和资本需求量，其方法简明易懂，具有一定的实用价值。

在实务中，财务预测一般是通过计算机完成的，如采用 Excel 软件使财务预测和财务计划工作大大简化，特别是在计划的调整过程中。建立计算机财务预测模型的最大优点是能对财务报表反复进行调整，每次改变一个或更多的假设条件，如销售增长率、成本关系、利润率、未来利息率等，也可以改变财务政策，如股利支付率、资本结构等，再指令模型运行。若预测范围扩大到一年以后，仅需要完成对假设集的输入和计算公式的修改，再指令模型运行即可。但财务计划模型只能帮助计划人员简化计算，并不能帮助计划者制订计划，因为它无法就不同的方案进行比较和选择，最终的财务计划还要靠计划人员的分析和判断来制订。

三、实训内容

（一）情景资料

公司 2021 年 12 月 31 日的资产负债表见表 2-1。

表 2-1 资产负债表

2021 年 12 月 31 日　　　　　　　　　　　　　　　　　　　　　　　　　　万元

资产	年初数	年末数	负债及所有者权益	年初数	年末数
货币资金		1 852.2	短期借款		1 500
应收账款		11 982.6	应付账款		6 312.6
预付账款		1 058.4	应付票据		113.4
存货		22 302	其他流动负债		255
流动资产合计		37 195.2	流动负债合计		8 181
长期股权投资		8 354	长期负债		20 000
固定资产净值		58 590	负债合计		28 181
无形资产及其他资产		2 090.8	所有者权益合计		78 049
资产总额		106 230	负债及所有者权益总额		106 230

该公司 2021 年的销售收入为 75 600 万元，目前没有剩余生产能力，2022 年增加销售收入需要增加固定资产。预计 2022 年的销售收入将提高 20%，销售净利率可达 28%，净利润的 40% 将分配给股东。

（二）实训要求

（1）预测 2022 年需要增加的资本量。

（2）预测 2022 年需要向外部筹集的资本量。

（三）实训组织方式及步骤

本实训安排在相关理论知识讲授完之后进行，在实训教师的指导下，由学生本人独立完成。学生以班级为单位统一到财务管理模拟实验室进行实训。实验室需配备计算机，并装有 Excel 软件。实训前要求学生对相关知识进行复习。实训的具体步骤如下。

利用 Excel 电子表格完成资本需求量预测表（见表 2-2）。

表 2-2 资本需求量预测表

序号	A	B
1	资本需求总量	=B10*B11*(((B3+B4+B5+B6+B7)-(B8+B9))/B10)
2	外部融资额	=B1-B12*B10(1+B11)*(1-B13)
3	货币资金	
4	应收账款	
5	预付账款	
6	存货	
7	固定资产净值	
8	应付账款	
9	应付票据	
10	基期销售收入	
11	销售收入增长率	

续表

序号	A	B
12	销售净利率	
13	股利支付率	

在表 2-3 中输入资产负债表中数据后，会自动生成所求变量（见表 2-3）。

表 2-3　资本需求量预测计算结果　　　　　　　万元

序号	A	B
1	资本需求总量	17 871.84
2	外部融资额	2 630.88
3	货币资金	1 852.2
4	应收账款	11 982.6
5	预付账款	1 058.4
6	存货	22 302
7	固定资产净值	58 590
8	应付账款	6 312.6
9	应付票据	113.4
10	基期销售收入	75 600
11	销售收入增长率	20%
12	销售净利率	28%
13	股利支付率	40%

模块二 资本成本实训

一、实训目的

通过对资本成本模块的实验,掌握在进行筹资方案选择决策时如何确定证券发行价格、综合资本成本。

二、理论知识点

资本成本是指取得和使用资本时所支付的费用,包括筹资费用和用资费用。资本成本包括三种方式:个别资本成本、综合资本成本、边际资本成本。其中,综合资本成本是以个别资本成本为基数,以各筹资方式占筹资总额的比重为权数进行加权平均,适用于企业对不同筹资方案进行选择和决策,并且每种方案由两种或两种以上的筹资方式组成。选择筹资方案的标准是筹资方案综合资本成本最低。

(一)个别资本成本计算

1. 银行借款资本成本

$$L_0(1-f) = \sum_{t=1}^{n} \frac{I_t(1-T)}{(1+K_d)^t} + \frac{L_0}{(1+K_d)^n} \tag{2-4}$$

$$K_d = \frac{I \cdot (1-T)}{L_0 \cdot (1-f)} \tag{2-5}$$

式中:L_0 表示银行借款筹资总额,f 表示筹资费用率,I_t 表示银行借款年利息,T 表示所得税税率,K_d 表示银行借款资本成本。

2. 发行债券资本成本

$$B_0(1-f) = \sum_{t=1}^{n} \frac{I_t(1-T)}{(1+K_d)^t} + \frac{B_0}{(1+K_b)^n} \tag{2-6}$$

$$K_b = \frac{I \cdot (1-T)}{B_0 \cdot (1-f)} \tag{2-7}$$

式中:B_0 表示债券发行价格,K_b 表示债券资本成本。

3. 优先股资本成本

股息率是事先约定并保持不变的。

$$K_p = \frac{D_p}{P_0 \cdot (1-f)} \tag{2-8}$$

式中：K_p 表示优先股资本成本，D_p 表示优先股股利，P_0 表示优先股的发行价格。

4. 普通股资本成本

1）按股利政策计算的公式法

若采用零增长股利政策：

$$K_s = \frac{D}{P_0(1-f)} \tag{2-9}$$

式中：K_s 表示普通股资本成本，D 表示普通股股利。

若采用固定增长股利政策：

$$K_s = \frac{D_1}{P_0 \cdot (1-f)} + g \tag{2-10}$$

式中：D_1 表示预计第1年的普通股股利，g 表示股利固定增长率。

2）资本资产定价模型——资本市场线

$$K_s = R_f + \beta(R_m - R_f) \tag{2-11}$$

式中：R_f 表示无风险报酬率，β 表示股票的 β 系数；R_m 表示市场报酬率。

一般而言，从投资者的角度来看，股票投资的风险高于债券风险，因此股票投资的必要报酬率可以在债券利率的基础上加上股票投资高于债券投资的风险报酬率。

$$K_s = 长期债券收益率 + 风险溢酬率 \tag{2-12}$$

5. 留存收益资本成本

留存收益是企业利润的积累，属于内部资金，所以无筹资费用。但留存收益也是有成本的，这种成本是机会成本。留存收益成本比照普通股成本来计算。计算公式为：

$$K_e = \frac{D_1}{P_0} + g \tag{2-13}$$

式中：K_e 表示留存收益资本成本。

（二）综合资本成本计算

综合资本产生的理论依据是出于对资本结构的考虑，企业筹资不可能单一，至少负债和权益并存。使用资金时，不分来源，统筹安排，综合运用。当投资收益率大于资本成本率（指的是综合资本成本）时，才能进行投资。

一般而言，从投资者的角度来看，股票投资的风险高于债券风险，因此股票投资的必要报酬率可以在债券利率的基础上加上股票投资高于债券投资的风险报酬率。

计算公式为：

$$K_w = \sum_{j=1}^{n} W_j K_j \tag{2-14}$$

式中：K_w 表示综合资本成本；W_j 表示第 j 种资金占全部资金的比重；K_j 表示第 j 种资金的资本成本。

在相关筹资范围内，K_j 保持稳定，则 K_w 取决于 W_j。计算加权平均成本的方法有两种：

一种是以账面价值为权数进行加权平均;另一种是以市场价值为权数进行加权平均。前者是以各筹资方式的账面价值为基础,计算各筹资方式的账面价值占总资本账面价值的比重,并以此为权数计算全部资本的综合资本成本;后者以各筹资方式的市场价值为基础,计算各筹资方式的市场价值占总资本市场价值的比重,并以此为权数计算全部资本的综合资本成本。

由式(2-14)可以看出,加大资本成本低的筹资方式的比重,可以降低 K_w。

三、实训内容

(一) 债券资本成本

1. 情景资料

甲公司拟发行期限为3年的公司债券,债券面值为2 000元,票面利率为10%,每年付息一次,到期还本。假设发行时债券的市场利率为12%,发行费率为2%(发行费用与发行额的比值),公司的所得税税率为25%。相关数据见表2-4。

表2-4 甲公司发行公司债券的相关数据及计算表

序号	A	B
1	(1) 分析数据:	
2	债券面值/元	2 000
3	票面利率	10%
4	市场利率	12%
5	年计息次数	1
6	年债券期限	3
7	复利次数	3
8	票面利率÷计息次数	10%
9	市场利率÷计息次数	12%
10	每期利息/元	200
11	发行费率	2%
12	所得税税率	25%
13	计算结果:	
14	债券发行价格/元	
15	年债券资本成本	
16	(2) 分析数据:	
17	债券面值/元	2 000
18	票面利率	10%
19	市场利率	12%
20	年计息次数	2
21	年债券期限	3
22	复利次数	6
23	票面利率÷计息次数	5%

续表

序号	A	B
24	市场利率÷计息次数	6%
25	每期利息/元	100
26	发行费率	2%
27	所得税税率	25%
28	计算结果：	
29	债券发行价格/元	
30	半年债券资本成本	
31	年债券资本成本	

2. 实训要求

（1）计算该债券的发行价格和债券筹资的资本成本。

（2）如果该债券每半年付息一次，根据 Excel 电子表格计算该债券的发行价格、债券筹资半年的资本成本和年资本成本。

（3）如果债券发行时的市场利率变为 6%，其他条件保持不变，重新计算（1）和（2）中的各项资本成本。

3. 实训组织方式及步骤

本实训在学生熟练掌握个别资本成本和综合资本成本计算的基础上进行。在实训教师的组织和指导下，由学生利用 Excel 电子表格自主完成实训。实训的具体步骤如下。

（1）根据实训条件与要求设计 Excel 电子表格，见表 2-4。

（2）根据债券发行价格、资本成本的计算公式，完成表 2-4 中 B14、B15、B29、B30、B31 单元格区域中的相关内容。

（3）在单元格 B14 中输入债券发行价格公式"=PV(B9,B7,-B10,-B2)"；在单元格 B15 中输入债券资本成本计算公式"=RATE(B7,-B10*(1-B12),B14*(1-B11),-B2)"，得到的结果见表 2-5。

表 2-5　甲公司发行公司债券的相关数据及计算表

序号	A	B	C
1	分析数据：		
2	债券面值/元	2 000	
3	票面利率	10%	
4	市场利率	12%	
5	年计息次数	1	
6	年债券期限	3	
7	复利次数	3	B7=B5*B6
8	票面利率÷计息次数	10%	B8=B3/B5

续表

序号	A	B	C
9	市场利率÷计息次数	12%	B9=B4/B5
10	每期利息/元	200	B10=B2*B8
11	发行费率	2%	
12	所得税税率	25%	
13	计算结果:		
14	债券发行价格/元	1 903.93	B14=PV(B9, B7, -B10, -B2)
15	债券资本成本	10.21%	B15=RATE(B7, -B10*(1-B12), B14*(1-B11), -B2)
16	分析数据:		
17	债券面值/元	2 000	
18	票面利率	10%	
19	市场利率	12%	
20	年计息次数	2	
21	年债券期限	3	
22	复利次数	6	B22=B20*B21
23	票面利率÷计息次数	5%	B23=B18/B20
24	市场利率÷计息次数	6%	B24=B19/B20
25	每期利息/元	100	B25=B17*B23
26	发行费率	2%	
27	所得税税率	25%	
28	计算结果:		
29	债券发行价格/元	1 901.65	B29=PV(B24, B22, -B25, -B17)
30	半年债券资本成本	5.10%	B30=RATE(B22, -B25*(1-B27), B29*(1-B26), -B17)
31	年债券资本成本	10.46%	B31=(1+B30)^2-1

(4) 将 (1) 和 (2) 的计算结果复制到一个新的工作表,将债券发行时的市场利率 (B4、B19) 变为 8%,按 Enter 键即可得到:① 在债券一年付息一次的情况下,其发行价格为 2 103.08 元,债券筹资的资本成本为 6.35%;② 在债券半年付息一次的情况下,其发行价格为 2 104.84 元,债券筹资按半年计算的资本成本为 3.17%,年资本成本为 6.44%,见表 2-6。

表 2-6 甲公司发行公司债券的相关数据及计算表

序号	A	B	C
1	分析数据:		
2	债券面值/元	2 000	
3	票面利率	10%	
4	市场利率	8%	
5	年计息次数	1	

续表

序号	A	B	C
6	年债券期限	3	
7	复利次数	3	B7＝B5＊B6
8	票面利率÷计息次数	10%	B8＝B3/B5
9	市场利率÷计息次数	8%	B9＝B4/B5
10	每期利息/元	200	B10＝B2＊B8
11	发行费率	2%	
12	所得税税率	25%	
13	计算结果:		
14	债券发行价格/元	2 103.28	B14＝PV(B9，B7，-B10，-B2)
15	年债券资本成本	6.35%	B15＝RATE(B7，-B10＊(1-B12)，B14＊(1-B11)，-B2)
16	分析数据:		
17	债券面值	2 000	
18	票面利率	10%	
19	市场利率	8%	
20	年计息次数	2	
21	年债券期限	3	
22	复利次数	6	B22＝B20＊B21
23	票面利率÷计息次数	5%	B23＝B18/B20
24	市场利率÷计息次数	4%	B24＝B19/B20
25	每期利息/元	100	B25＝B17＊B23
26	发行费率	2%	
27	所得税税率	25%	
28	计算结果:		
29	债券发行价格/元	2 104.84	B29＝PV(B24，B22，-B25，-B17)
30	半年债券资本成本	3.17%	B30＝RATE(B22，-B25＊(1-B27)，B29＊(1-B26)，-B17)
31	年债券资本成本	6.44%	B31＝(1+B30)^2-1

(二) 综合资本成本

1. 情景资料

乙公司正在考虑为一大型投资项目筹集资金 10 亿元,财务经理汇报的筹资方案如下。

(1) 向银行取得长期借款 10 000 万元,期限为 5 年,借款年利率为 5.60%,每年付息一次,到期偿还本金,不考虑筹资费率。

(2) 发行债券筹资 18 000 万元,每张债券面值为 1 000 元,票面利率为 8%,期限 3 年,每年付息一次,到期偿还本金,债券折价发行,发行价格为 950 元,筹资费率为 2%。

(3) 按面值发行优先股 24 000 万股,每股面值为 10 元,预计年股息率为 10%,筹资费率为 3%。

(4) 发行普通股 25 000 万元, 每股面值为 1 元, 发行价格为 4.8 元/股, 筹资费率为 4%, 预计第一年每股股利 0.36 元, 以后每年按 5% 递增。

(5) 该投资项目所需的其余资金通过留存收益满足。

(6) 公司普通股的 β 系数为 2.8, 当前国债的收益率为 5.5%, 市场上普通股平均收益率为 7.5%。

(7) 公司所得税税率为 25%。

2. 实训要求

(1) 根据 Excel 电子表格分别计算债务和股权的资本成本。

(2) 以市场价值为标准, 计算加权平均资本成本。

3. 实训组织方式及步骤

本实训在学生熟悉掌握个别资本成本和综合资本成本计算的基础上进行。在实训教师的组织和指导下, 由学生利用 Excel 电子表格自主完成实训。实训主要在财务管理模拟实验室中进行。实验室需配备计算机, 并装有 Excel 等软件。实训的具体步骤如下。

(1) 根据实训条件与要求设计 Excel 电子表格, 见表 2-7, 求出留存收益筹资额。

(2) 根据银行借款、发行债券、优先股、普通股和留存收益的个别资本成本的计算公式, 完成表 2-7 中 B14、C14、D14、E14、F14 单元格区域中的相关内容。

(3) 在单元格 B16、C16、D16、E16、F16 中计算筹资比重, 在单元格 B17 中根据综合资本成本计算公式得到综合资本成本, 结果见表 2-8。

表 2-7 某公司筹资方案及个别资本成本计算表

序号	A	B	C	D	E	F	G
1	筹资方式	银行借款	发行债券	优先股	普通股	留存收益	筹资总额
2	筹资额	10 000	18 000	24 000	25 000	23 000 (=G2-B2-C2-D2-E2)	100 000
3	面值		1 000	10	1		
4	发行价格		950	10	4.8		
5	利率÷股息率	5.60%	8%	10%	—	—	
6	期限	5	3				
7	筹资费率	—	2%	3%	4%	—	
8	所得税税率	25%	25%	25%	25%	25%	
9	β 系数				2.8		
10	股利增长率				5%		
11	预计第一年股利				0.36		
12	国债收益率					5.50%	
13	市场平均收益率					7.50%	

续表

序号	A	B	C	D	E	F	G
14	个别资本成本	4.20% 〔=B5*(1−B8)〕	8.71% 〔=RATE(C6,−C3*C5*(1−C8),C4*(1−C7),−C3)〕	10.31% 〔=D3*D5/D4*(1−D7)〕	12.81% 〔=E11/(E4*(1−E7))+E10〕	11.10% 〔=F12+E9*(F13−F12)〕	

表2-8 某公司筹资方案及个别资本成本计算表

序号	A	B	C	D	E	F	G
1	筹资方式	银行借款	发行债券	优先股	普通股	留存收益	筹资总额
2	筹资额	12 000	16 000	25000	24 000	23 000	100 000
3	面值		1 000	10	1		
4	发行价格		950	10	4.8		
5	利率÷股息率	5.60%	8%	10%	—	—	
6	期限	5	3	—			
7	筹资费率	—	2%	3%	4%		
8	所得税税率	25%	25%	25%	25%	25%	
9	β系数				2.8		
10	股利增长率				5%		
11	预计第一年股利				0.36		
12	国债收益率					5.50%	
13	市场平均收益率					7.50%	
14	个别资本成本	4.20%	8.71%	10.31%	12.81%	11.10%	
15	综合资本成本						
16	筹资比重	12% =B2/G2	16% =C2/G2	25% =D2/G2	24% =E2/G2	23% =F2/G2	
17	综合资本成本	10.10% 〔=B14*B16+C14*C16+D14*D16+E14*E16+F14*F16〕					

模块三 杠杆原理实训

一、实训目的

掌握分析和评价筹资方案给企业带来的筹资风险;能够通过上述分析和计算对企业筹资方案的选择进行决策。

二、理论知识点

财务杠杆主要反映息税前利润与普通股每股收益之间的关系,用于衡量息税前利润变动对普通股每股收益变动的影响程度。

财务杠杆是由于固定筹资成本的存在而产生的。如果一个公司的筹资成本包含固定债务资本以及股权资本,从而使得息税前利润的某个变化引起普通股每股收益更大的变化时,就被认为在使用财务杠杆。事实上,财务杠杆是两步收益放大过程的第二步,第一步是经营杠杆放大了销售量变动对息税前利润的影响,第二步才是利用财务杠杆将前一步导致的息税前利润变动对每股收益变动的影响进一步放大。

财务杠杆作用的大小可通过财务杠杆系数(DFL)来衡量。财务杠杆系数是指普通股每股收益变动率相当于息税前收益变动率的倍数,其公式为:

$$DFL = \frac{\frac{\Delta EPS}{EPS}}{\frac{\Delta EBIT}{EBIT}} \qquad (2-15)$$

式中:EPS 表示每股收益,ΔEPS 表示每股收益变动率,EBIT 表示息税前利润,$\Delta EBIT$ 表示息税前利润变动率。

可推导出简化公式:

$$DFL = \frac{EBIT}{EBIT - I} = \frac{EBIT}{EBIT - I - \frac{D}{1-T}} \qquad (2-16)$$

注意:EBIT、I 选用基期数据。

可以看出,当企业无负债和优先股时,债务利息和优先股股息为零,财务杠杆系数等于1,此时普通股每股收益会与息税前利润同幅度增减变动。只要企业借债或发行优先股,债务的利息或优先股股息大于零,那么在息税前利润为正的条件下,财务杠杆系数就会大于1,普通股每股收益的变动幅度就会超过息税前利润的变动幅度,而且在一定销售水平和利率水平下,企业借债越多,债务利息越高,财务杠杆系数就越大。

财务风险主要取决于财务杠杆的大小,当公司在资本结构中增加负债或优先股筹资比例时，固定的现金流量就会增加，从而加大了公司财务杠杆系数和财务风险。一般来说，财务杠杆系数越大，财务风险越大；反之则越小。较大的财务杠杆可以为公司带来较强的每股收益扩张能力，但固定筹资费用越多，按期支付的可能性越小，由此引发的财务风险就越大。如果公司全部资产收益率低于固定筹资费率，那么普通股收益率就会低于公司投资收益率或出现资本亏损的情况。

三、实训内容

（一）财务杠杆

1. 情景资料

已知 A、B、C 三家公司某期的息税前利润均为 50 万元，总资本均为 500 万元，所得税税率均为 25%，但三家公司的资本结构不同：A 公司无负债，有 10 万股普通股；B 公司有 50% 的债务资本，债务利率为 9%，有普通股 5 万股；C 公司有 50% 的债务资本，债务利率为 15%，有普通股 5 万股。

2. 实训要求

计算三家公司普通股每股收益及财务杠杆系数等指标，并分析财务杠杆效应和财务风险。

3. 实训组织方式及步骤

本实训在学生熟练掌握财务杠杆的计算的基础上进行。在实训教师的组织和指导下，由学生利用 Excel 电子表格自主完成实训。实训主要在财务管理模拟实验室中进行。实验室需配备计算机，并装有 Excel 等软件。实训的具体步骤如下。

（1）根据实训条件与要求设计 Excel 电子表格（见表 2-9）。

表 2-9　有关资料表

序号	A	B	C	D
1	财务杠杆系数计算与分析			
2	公司名称	A 公司	B 公司	C 公司
3	全部资本/元	5 000 000	5 000 0000	5 000 000
4	股东权益/元	5 000 000	2 500 000	2 500 000
5	债务资本/元	0	2 500 000	2 500 000
6	债务利息率	0	9%	15%
7	普通股股数	100 000	50 000	50 000
8	息税前利润/元	500 000	500 000	500 000

（2）计算财务杠杆系数、每股收益、总资产报酬率、净资产收益率指标。在单元格 B11 中输入公式"=B6*B7"，在单元格 B12 中输入"=B9-B11"，在单元格 B13 中输入"=B12*25%"，在单元格 B14 中输入"=B12-B13"，在单元格 B15 中输入"=B14/B8"，在

单元格 B16 中输入"=B9/(B9-B11)",在单元格 B17 中输入"=B9/B4",在单元格 B18 中输入"=B14/B5",单元格 C11:C18 和单元格 D11:D18 中的计算公式可由复制而得,即选中单元格区域 B11:B18,按住单元格区域右下角的填充柄向右拖动即可。计算结果见表 2-10。

表 2-10 财务杠杆系数的计算表

序号	A	B	C	D
1	财务杠杆系数计算与分析			
2	公司名称	A 公司	B 公司	C 公司
3	已知数据			
4	全部资本/元	5 000 000	5 000 000	5 000 000
5	股东权益/元	5 000 000	2 500 000	2 500 000
6	债务资本/元	0	2 500 000	2 500 000
7	债务利息率	0	9%	15%
8	普通股股数	100 000	50 000	50 000
9	息税前利润/元	500 000	500 000	500 000
10	计算分析			
11	债务利息/元	0	225 000	375 000
12	税前利润/元	500 000	27 5000	125 000
13	所得税/元	125 000	68 750	31 250
14	净利润/元	375 000	206 250	93 750
15	每股收益/(元/股)	3.75	4.125	1.875
16	财务杠杆系数	1.000	1.818	4
17	总资产报酬率/%	10	10	10
18	净资产收益率/%	7.5	8.25	3.75

(3) 分析财务杠杆效应和财务风险。由计算结果可以看出,B 公司总资本中有 50% 的债务,债务利息比 A 公司增加 22.5 万元,使得 B 公司的普通股每股收益比无债的 A 公司高 0.375 元/股,净资产收益率也比 A 公司升高 0.75%,这是因为 B 公司的总资产报酬率 (10%) 大于债务利息率 (9%),因此产生了正的财务杠杆效应;但同时,B 公司的财务风险也增大了。C 公司的每股收益比 A 公司减少 1.875 元/股,净资产收益率也比 A 公司降低 3.75%,这是因为 C 公司的总资产报酬率 (10%) 小于债务利息率 (15%),因此产生了负的财务杠杆效应,与 B 公司相比,C 公司的财务杠杆系数增大,因此其财务风险也相应增大。

(二) 负债经营风险分析

1. 情景资料

甲公司的总资产为 200 万元,适用的所得税税率为 25%,平均债务利率为 10%。甲公司于 2021 年准备开发新产品，为了新项目顺利进行，需调整资本结构，目前有 3 种资本结构方案：方案 A，没有负债；方案 B，负债 100 万元；方案 C，负债 120 万元。新产品开发可能出现的经营情况及息税前利润见表 2-11。

表 2-11　新产品开发可能出现的经营情况及息税前利润　　　　　　　　　　万元

序号	A	B	C	D	E
1			甲公司负债经营的风险分析		
2		企业有关数据		可能出现的经营情况	
3	资产总额	200	经营情况	息税前利润	概率
4	债务利率	10%	很好	50	0.20
5	所得税税率	25%	好	40	0.40
6			差	30	0.30
7			很差	20	0.10

2．实训要求

计算每个方案的总资产报酬率及净资产收益率的期望值和标准差。

3．实训组织方式及步骤

本实训在学生熟练掌握净资产收益率的分解和计算的基础上进行。在实训教师的组织和指导下，由学生利用 Excel 电子表格自主完成实训。实训主要在财务管理模拟实验室中进行。实验室需配备计算机，并装有 Excel 等软件。实训的具体步骤如下：

计算方案 A、方案 B、方案 C 的总资产报酬率的期望值和标准差。各个单元格的计算公式如下：

方案 A：

单元格 C11:C14 "=＄B＄3-B11:B14"（数组公式输入）

单元格 D11:D14 "=B11:B14＊＄B＄4"（数组公式输入）

单元格 E11:E14 "=（＄D＄4:＄D＄7-D11:D14）＊(1-＄B＄5)"（数组公式输入）

单元格 F11:F14 "=＄D＄4:＄D＄7/＄B＄3"（数组公式输入）

单元格 G11:G14 "=E11:E14/C11:C14"（数组公式输入）

单元格 F15 "=SUMPRODUCT(＄G＄4:＄G＄7,F11:F14)"

单元格 F16 "=SQRT(SUMPRODUCT(＄G＄4:＄G＄7,(F11:F14-F15)^2))"

单元格 F17 "=F16/F15"

单元格 G15 "=SUMPRODUCT(＄G＄4:＄G＄7,G11:G14)"

单元格 G16 "=SQRT(SUMPRODUCT(＄G＄4:＄G＄7,(G11:G14-G15)^2))"

单元格 G17 "=G16/G15"

将单元格区域 C11:G17 分别复制到单元格区域 C20:G26 和 C29:G35，即可得到方案 B 和方案 C 的计算结果，见表 2-12。

第二部分 筹资管理实训

表 2-12 各个方案的风险分析表　　　　　　　　　　　万元

序号	A	B	C	D	E	F	G
8	负债经营方案的风险分析						
9	方案 A						
10	经营情况	负债资本	权益资本	利息	净利润	总资产报酬率	净资产收益率
11	很好	0	200	0	37.5	25%	18.75%
12	好	0	200	0	30	20%	15%
13	差	0	200	0	22.5	15%	11.25%
14	很差	0	200	0	15	10%	7.5%
15	期望值					18.5%	13.88%
16	标准差					4.5%	3.38%
17	变异系数					24.32%	24.35%
18	方案 B						
19	经营情况	负债资本	权益资本	利息	净利润	总资产报酬率	净资产收益率
20	很好	100	100	10	30	25%	30%
21	好	100	100	10	22.5	20%	22.5%
22	差	100	100	10	15	15%	15%
23	很差	100	100	10	7.5	10%	7.5%
24	期望值					18.5%	20.25%
25	标准差					4.5%	6.75%
26	变异系数					24.32%	33.33%
27	方案 C						
28	经营情况	负债资本	权益资本	利息	净利润	总资产报酬率	净资产收益率
29	很好	120	80	12	28.5	25%	35.63%
30	好	120	80	12	21	20%	26.25%
31	差	120	80	12	13.5	15%	16.88%
32	很差	120	80	12	6	10%	7.5%
33	期望值					18.5%	23.44%
34	标准差					4.5%	8.44%
35	变异系数					24.32%	36.01%

模块四 资本结构实训

一、实训目的

掌握通过每股收益无差别点法来确定最佳资本结构。

二、理论知识点

每股收益无差别点是指每股收益不受资本结构影响的息税前利润在此点上的不同资本结构的每股收益都相等。每股收益无差别点法是指通过寻找每股收益无差别点上的息税前利润来确定最佳资本结构的方法。

$$EPS=\frac{(EBIT-I)\cdot(1-T)-D}{N} \quad (2-17)$$

式中:I 表示利息,D 表示优先股股利,T 表示所得税税率。

当不同资本结构下的每股收益相等时,即得到公式:

$$\frac{(EBIT^*-I_1)\cdot(1-T)-D_1}{N_1}=\frac{(EBIT^*-I_2)\cdot(1-T)-D_2}{N_2} \quad (2-18)$$

由式(2-18)可以确定每股收益无差别点时的 $EBIT^*$,从而利用企业已知的 EBIT 选择最优资本结构:即当 EBIT 大于 $EBIT^*$ 时,选择负债筹资;当 EBIT 小于 $EBIT^*$ 时,选择普通股筹资,如图 2-1 所示。

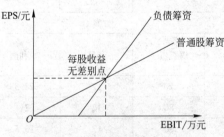

图 2-1 每股收益无差别点图

但是,每股收益无差别点法没有考虑筹资风险。

三、实训内容

运用此法作筹资决策,首先应根据所给的条件,确定各个备选方案的普通股每股收益与预计息税前利润之间的关系,建立方程;然后求出普通股每股收益无差别点,也就是使两个备选的筹资方案普通股每股收益相等时的息税前利润;最后以每股收益最大为目标,根据无差别点作出筹资决策。

（一）情景资料

甲公司现有资本构成见表2-13。预计甲公司当年能实现息税前利润1 600万元。甲公司欲开办一个全资子公司，这个全资子公司是为了培养新的利润增长点，该全资子公司需要投资1 500万元。为满足投资计划的需求，该公司准备了两个备选的筹资方案，见表2-14。甲公司适用的所得税税率为25%。

表2-13　甲公司现有资本构成

筹资方式	筹资额/万元	备注
长期借款	1 000	年利率9%
普通股	7 500	1 000万股
合计	8 500	

表2-14　两个筹资方案

方案	筹资方式	筹资额/万元	备注
方案1	长期借款	1 500	年利率12%
方案2	普通股	1 500	5元/股

（二）实训要求

（1）建立各个方案的每股收益与息税前利润的关系，得出不同息税前利润下每个方案的每股收益分布。

（2）将各个方案的每股收益与息税前利润的关系绘制图表，根据图表选择最优的筹资方案。

（三）实训组织方式及步骤

本实训在学生熟练掌握每股收益无差别点法的原理和计算的基础上进行。在实训教师的组织和指导下，由学生利用Excel电子表格自主完成实训。实训主要在财务管理模拟实验室中进行。实验室需配备计算机，并装有Excel等软件。实训的具体步骤如下。

（1）根据实训条件与要求设计Excel电子表格，见表2-15。

表2-15　有关资料表

序号	A	B	C	D	E	F
1		现有资本构成				所得税税率
2		筹资方式	金额/万元	利率	股份/万股	25%
3		长期借款	1 000	9%		
4		普通股	7 500		1 000	
5		合计	8 500			
6						
7		备选筹资方案				
8		筹资方式	金额/万元	利率	股份/万股	
9	方案1	长期借款	1 500	12%		
10	方案2	普通股	200		300	

（2）根据表2-15的资料建立各个方案的每股收益与息税前利润的关系，见表2-16。其中单元格B16:G16中公式为"=(B15:G15-C3*D3-C9*D9)*(1-F2)/E4"（数组公式输入）；单元格B17:G17中公式为"=（B15:G15-C3*D3）*（1-F2)/(E4+E10)"，得到不同息税前利润下每个方案的每股收益分布。

表2-16 每股收益与息税前利润的关系 万元

序号	A	B	C	D	E	F	G
14	每股收益与息税前利润的关系						
15	息税前利润	200	400	600	800	1 000	1 200
16	方案1	-0.052 5	0.097 5	0.247 5	0.397 5	0.547 5	0.697 5
17	方案2	0.063 5	0.178 8	0.294 2	0.409 6	0.525 0	0.640 4

（3）将各个方案的每股收益与息税前利润的关系绘制图表，得到方案比较图（如图2-2所示）。选取单元格区域B15：G17，单击工具栏上的【插入】按钮，在【图表】中选【折线图】，如图2-2所示。

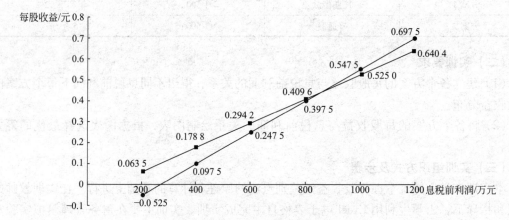

图2-2 方案比较图

（4）求方案1和方案2交点处的息税前利润，即在单元格F18中输入公式："=(E18-C3*D3-C9*D9)*(1-F2)/E4-(E18-C3*D3)*(1-F2)/(E4+E10)"，单击工具栏的【数据】|【模拟分析】|【单变量求解】，目标单元格选定F18，目标值设为0，可变单元格选定E18，单击【确定】，如图2-3所示。

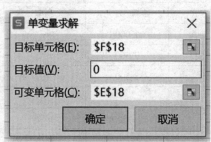

图2-3 单变量求解

单击确定，即可得到 870 万元，见表 2-17。说明当公司追加筹资后预计的息税前利润不超过 870 万元时，应采用方案 2，即发行普通股；当公司追加筹资后预计的息税前利润超过 870 万元时，应采用方案 1，即长期借款筹资。

表 2-17　方案 1 与方案 2 交点的息税前利润　　　　　　　　　　　　　　　　　万元

序号	A	B	C	D	E	F	G
14	每股收益与息税前利润的关系						
15	息税前利润	200	400	600	800	1 000	1 200
16	方案 1	-0.052 5	0.097 5	0.247 5	0.397 5	0.547 5	0.697 5
17	方案 2	0.063 5	0.178 8	0.294 2	0.409 6	0.525	0.640 4
18	方案 1 和方案 2 交点处的息税前利润				870		

巩固练习

1. 某公司拟筹资 1 000 万元，现有甲、乙两个备选方案，有关资料如表 2-18 所示。

表 2-18　某公司筹资备选方案资料

筹资方式	甲方案		乙方案	
	筹资额/万元	资本成本/%	筹资额/万元	资本成本/%
长期借款	200	9	180	9
债券	300	10	200	10.5
普通股	500	12	620	12
合计	1 000		1 000	

试用比较资本成本法确定该公司的最佳资本结构。

2. 某公司目前发行在外普通股 100 万股（每股面值 1 元），并发行利率为 10% 的债券 400 万元。该公司打算为一个新的投资项目融资 500 万元，新项目投产后每年的息税前利润将增加到 200 万元。现有两个方案可供选择：方案一，按 12% 的利率发行债券 500 万元；方案二，按每股 20 元的价格发行新股。公司适用所得税税率为 25%。

要求：(1) 计算两个方案的每股利润；

(2) 计算两个方案的每股利润无差别点的息税前利润；

(3) 计算两个方案的财务杠杆系数。

3. A 公司发行债券，债券面值为 1 000 元，3 年期，票面利率为 8%，发行时债券市场利率为 10%。

要求回答以下互不相关的问题：

(1) 如果每年付息一次，到期还本，A 公司债券的发行价格为多少？

(2) 如果到期一次还本付息，A 公司债券的发行价格为多少？

4. 横华有限责任公司 2021 年 12 月 31 日的资产负债表（简表）如表 2-19 所示。

表 2-19 资产负债表（简表）

2021 年 12 月 31 日　　　　　　　　　　　　　　　　　　　　　　万元

资产	期末余额	负债及所有者权益	期末余额
库存现金	50	短期借款	105
应收账款	310	应付账款	260
预付账款	30	应付票据	100
存货	520	预收账款	170
固定资产	1 070	长期负债	200
无形资产	120	实收资本	1 200
		留存收益	65
资产合计	2 100	负债及所有者权益合计	2 100

该公司 2021 年的销售收入为 2 000 万元，预计 2022 年销售收入将增长到 2 500 万元，销售净利率为 7%，净利润留用比率为 40%。（假定固定资产尚有剩余生产能力）

问题：

（1）计算 2021 年资产和负债各敏感性项目的销售百分比。

（2）计算 2022 年该公司需要追加的筹资额和外部筹资额。

5. ABC 公司只生产和销售甲产品，假定该公司 2022 年度产品销售量为 100 万件，每件售价为 8 元，固定成本总额为 200 万元，单位变动成本为 5 元，按市场预测 2023 年产品的固定成本和单位边际贡献不变，不增发新股，所得税税率不变。

要求：（1）计算 2022 年的边际贡献总额；

（2）计算 2022 年息税前利润；

（3）计算 2023 年的经营杠杆系数；

（4）假定公司 2022 年利息费用 20 万元，预计 2023 年不变，且无融资租赁租金和优先股，计算 2023 年的财务杠杆系数。

6. 某公司拟筹资 8 000 万元，其中按面值发行债券 2 500 万元，票面年利率为 10%，筹资费率为 2%；发行优先股 2 000 万元，股息率为 12%，筹资费率为 3%；发行普通股 3 500 万元，筹资费率为 5%；预计第一年股利率为 12%，以后每年按 4% 递增，所得税率为 25%。

要求：（1）计算债券资本成本；

（2）计算优先股资本成本；

（3）计算普通股资本成本；

（4）计算综合资本成本。

7. 某公司资产总额为 800 万元，负债比率为 50%，负债年利率为 10%。该公司销售额为 1 200 万元，固定成本为 220 万元，变动成本率为 45%。

要求：计算该公司的经营杠杆系数、财务杠杆系数和复合杠杆系数。

8. 南海公司准备发行面值为 100 元，票面利率为 10%，期限为 5 年，每年年末付息的债券。在公司决定发行债券时的市场利率为 10%，到债券正式发行时，市场上的利率可能发生如下三种变化。

第一种情况：资金市场上的利率保持10%不变。
第二种情况：资金市场上的利率上升至12%。
第三种情况：资金市场上的利率下降至8%。
问题：
（1）针对上述三种情况，该公司应如何确定债券的发行价格？
（2）由计算出的发行价格，说明票面利率和市场利率的关系对债券发行价格产生的影响。

9. 天海公司计划建造一条生产线，寿命期为5年，需要筹集资金500万元。现有以下三种筹资方式可供选择。

方式一：目前市场平均收益率为10%，无风险收益率为4%；股票的β系数是0.4。

方式二：如果发行债券，债券面值为1 000元，期限为5年，票面利率为7%，每年计息一次，发行价格为1 100元，发行费率为5%。

方式三：如果向银行借款，则手续费率为1%，年利率为6%，且每年计息一次，到期一次还本。

公司的所得税税率为25%，计算结果保留两位小数。

要求：（1）根据方式一，利用资本资产定价模型计算普通股的筹资成本。
（2）根据方式二，计算发行债券的筹资成本。
（3）根据方式三，计算长期借款的筹资成本。

分析该公司应选择哪种筹资方式，并说明该筹资方式的优点及缺点。

第三部分 投资管理实训

模块一　项目投资实训

一、实训目的

通过对项目投资实训模块的实验，掌握固定资产提取折旧的方法；熟练掌握净现值、内部收益率、投资回收期等投资指标的计算；能够运用固定资产投资评价方法进行固定资产更新决策分析。

二、理论知识点

（一）固定资产折旧

折旧，是指公司的固定资产依据可使用的年限和残值，用合理的方式摊销其成本。固定资产折旧是指企业的固定资产随着其磨损而逐渐转移的价值，这部分转移的价值以后以折旧费的形式计入成本费用，并从企业营业收入中得到补偿，转化为货币资金。

企业固定资产一般应在当月提取折旧。当月增加的固定资产，当月不提折旧；当月减少的固定资产，当月照提折旧。

所谓提足折旧，是指该项固定资产已经提足了应提折旧总额。应提折旧总额为固定资产原价减去预计残值。

1. 直线法

直线法又称年限平均法，是将固定资产的折旧均衡地分摊到各期的一种方法。

$$年折旧率 = \frac{1-预计净残值率}{预计使用年限} \tag{3-1}$$

$$月折旧率 = \frac{年折旧率}{12} \tag{3-2}$$

在 Excel 中可以使用函数 SLN( ) 计算直线法的折旧额，其函数格式如下：

$$SLN(cost，salvage，life)$$

式中：参数 cost 表示资产的原始价值；参数 salvage 表示资产在折旧期末时的净残值（也称为资产残值）；参数 life 表示折旧期限（有时也称为资产的生命周期）。

2. 工作量法

工作量法是根据实际工作量计提折旧额的一种方法。

$$每一工作量折旧额 = \frac{固定资产原值 \times (1-预计净残值率)}{预计总工作量} \tag{3-3}$$

$$某项固定资产月折旧额 = 该项固定资产当月工作量 \times 每一工作量折旧额 \tag{3-4}$$

3. 双倍余额递减法

双倍余额递减法是在不考虑固定资产净残值的情况下，根据每期期初固定资产账面余额和双倍的直线法折旧率计算固定资产折旧的一种方法。

$$年折旧率 = \frac{2}{预计使用年限} \times 100\% \quad (3-5)$$

$$月折旧率 = \frac{年折旧率}{12} \quad (3-6)$$

$$月折旧额 = 固定资产账面净值 \times 月折旧率 \quad (3-7)$$

实行双倍余额递减法计提折旧的固定资产，应当在折旧年限到期以前两期内，将固定资产净值平均摊销。

在 Excel 中，可以使用函数 DDB( ) 计算双倍余额递减法的折旧额，其格式如下：

$$DDB(cost, salvage, life, period, factor)$$

式中：参数 cost 表示资产的原始价值；参数 salvage 表示资产在折旧期末时的净残值；参数 life 表示折旧期限；参数 period 表示期间，其单位与 life 相同；参数 factor 是可选项，代表折旧的加速因子，它的默认值是 2，代表双倍余额递减法折旧，如果该参数取值为 3，代表 3 倍余额递减法折旧。

4. 年数总和法

年数总和法又称年限合计法，是将固定资产原值减去净残值后的净额乘以一个逐年递减的分数计算每年的折旧额，这个分数的分子代表固定资产尚可使用的年数，分母代表使用年限的年数总和。

$$年折旧率 = \frac{尚可使用的年数}{预计使用年限的年数总和}$$

$$= \frac{预计使用年限 - 已使用年限}{\frac{预计使用年限 \times (预计使用年限 + 1)}{2}} \times 100\% \quad (3-8)$$

$$月折旧率 = \frac{年折旧率}{12} \quad (3-9)$$

$$月折旧额 = (固定资产原值 - 预计净残值) \times 月折旧率 \quad (3-10)$$

在 Excel 中可以使用函数 SYD( ) 来计算年数总和法下的固定资产折旧额。其格式如下：

$$SYD(cost, salvage, life, period)$$

式中：参数 cost 为资产的原始价值；参数 salvage 为资产在折旧期末时的价值；参数 life 为折旧期限；参数 period 为期间。

（二）投资项目现金流量

投资项目现金流量是指在投资活动中，由于引进一个项目而引起的现金流出或流入的数量。企业无论是把资金投放在企业内部形成各种资产，还是投向企业外部形成联营投资，都需要用特定指标对投资的可行性进行分析，而这些指标的计算都是以投资项目的现金流量为基础的。因此，现金流量是评价投资方案是否可行时必须事先计算的一个基础性数据。

投资项目现金流量一般由以下三部分组成（如图3-1所示）。

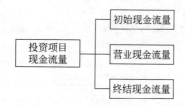

图3-1　投资项目现金流量组成

1. 初始现金流量

初始现金流量是指开始投资时发生的现金流量，如图3-2所示。

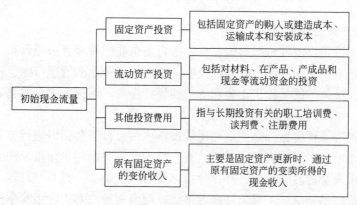

图3-2　初始现金流量

2. 营业现金流量

营业现金流量是指投资项目投入使用后，在其寿命周期内由于生产经营所带来的现金流入和现金流出的数量，如图3-3所示。

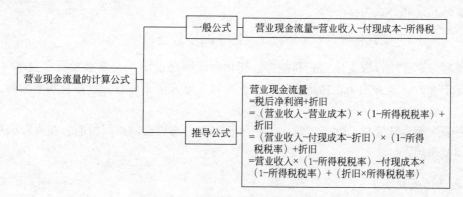

图3-3　营业现金流量计算公式

3. 终结现金流量

终结现金流量是指投资项目完结时发生的现金流量，如图3-4所示。

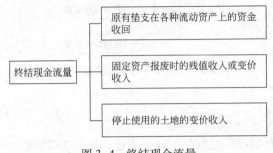

图3-4 终结现金流量

（三）固定资产投资决策评价

一个企业，无论是以何种组织形式存在，都要由企业的管理者去经营和决策。一个共同的管理目标，就是不断地提高股东收益的价值。要想实现企业的管理目标，管理者不仅要有好的眼光和机会，最关键的是作出正确和适当的投资决策。而这个决策的基础，就是固定资产投资。

固定资产投资决策评价指标是衡量和比较投资项目可行性并据以进行方案决策的定量化标准与尺度。它是由一系列综合反映投资效益、投入产出关系的量化指标构成的。根据评价过程是否考虑货币资金的时间价值，将评价指标分为两大类：一类是贴现现金流量指标，即考虑了货币时间价值的指标，主要包括净现值法、现值指数法和内含报酬率法等；另一类是非贴现现金流量指标，即没有考虑货币时间价值因素的指标，主要包括投资回收期法、投资利润率法等。

1. 投资利润率法

投资利润率是指投资项目方案产生生产能力后，在正常生产年份内，年净收益与投资总额的比值。其计算公式为：

$$投资利润率 r = (年利润或年均利润 / 投资总额) \times 100\% \tag{3-11}$$

投资利润率反映投资支出的获利能力。其判别准则是设定一个基准投资收益率 R，当 r 大于或等于 R 时，该方案可以考虑；当 r 小于 R 时，该方案不可行。投资利润率越高，方案越有利。

投资利润率计算简单，便于理解，但是由于没有考虑资金的时间价值，在投资决策时只是起到辅助作用。

2. 投资回收期法

投资回收期是指通过项目的现金净流量来回收初始投资所需要的时间。投资回收期的计算，因每年的经营现金净流量是否相等而有所不同。

如果每年的经营现金净流量相等，其计算公式为：

$$\text{投资回收期} = \frac{\text{初始投资额}}{\text{年现金净流量}} \tag{3-12}$$

如果每年的经营现金净流量不相等，设 M 为收回投资的前一年，则：

$$\text{投资回收期} = M + \frac{\text{第 } M \text{ 年年末尚未回收额}}{\text{第 } (M+1) \text{ 年的现金净流量}} \tag{3-13}$$

投资回收期法的判别标准是设定一个基准投资回收期 N，当投资回收期小于 N，该方案可以考虑；当投资回收期大于或等于 N 时，该方案不可行。

投资回收期能够直观地反映原始总投资的返本期限，计算简单，容易理解，但是它没有考虑货币资金时间价值因素和回收期满后继续发生的现金流量，可能会导致决策的失误。因此，投资回收期法一般作为辅助方法使用。

3. 净现值法

净现值是指特定方案未来现金流入的现值与未来现金流出的现值之间的差额。

计算公式为：

$$\text{NPV} = \sum_{t=0}^{n} \frac{\text{NCF}_t}{(1+r)^t} = \sum_{t=0}^{n} \text{NCF}_t (1+r)^{-t} \tag{3-14}$$

式中：NCF_t 表示第 t 期现金净流量；r 表示资本成本或投资必要收益率；n 表示项目周期（指项目建设期和生产期）；其他符号与前述相同。

利用净现值法进行投资项目分析的判别标准是：若 NPV 等于 0，表示方案实施后的投资折现率正好等于事先确定的折现率，方案可以接受；若 NPV 大于 0，表示方案实施后的经济效益超过了目标折现率的要求，方案较好；若 NPV 小于 0，则表示方案实施后的经济效益达不到既定要求，方案应予以否定。对于净现值大于或等于 0 的方案来说，净现值越大，投资方案越优，投资效益也越好。净现值是一个折现的绝对值指标，其优点是综合考虑了投资项目现金流量的时间价值、项目计算期内的全部净现金流量和投资风险等因素，是一个比较好的投资决策指标；其缺点是无法从动态的角度直接反映投资项目的收益水平。

在 Excel 中用 NPV 表示现值，

语法：NPV(rate, value1, value2, …)。

功能：在已知未来连续期间的现金流量（value1, value2, …）及折现率（rate）的条件下，返回某项投资的现值。

其中：参数 rate 是各期现金流量折为现值的利率，即为投资方案的"必要报酬率"或"资金成本"；参数 value1, value2, …代表流入或流出的现金流量，最少 1 个，最多 29 个参数。

说明：

value1 所属各期长度必须相等，而且现金流入和现金流出的时间均发生在期末；NPV 函数根据 value1, value2, …的顺序来解释现金流量的顺序。

4. 现值指数法

现值指数是指特定投资方案未来现金流入量现值与现金流出量现值的比率。

$$PI = \frac{\sum_{t=0}^{n} CIF_t(1+r)^{-t}}{\sum_{t=0}^{n} COF_t(1+r)^{-t}} \tag{3-15}$$

现值指数法是根据某一投资方案的现值指数是否大于 1 来确定该方案是否可行的决策分析方法。现值指数大于或等于 1，说明其投资报酬率大于或等于预定的折现率，方案可行；若现值指数小于 1，说明其投资报酬率小于预定的折现率，方案不可行。对于现值指数大于或等于 1 的方案来说，现值指数越大，方案越优。可将现值指数法看成 1 元投资可望获得的现值净收益，其优点是可以从动态的角度反映项目投资的资金投入与总产出之间的关系，其缺点是无法直接反映投资项目的实际收益率。PI 大于或等于 1 与 NPV 大于或等于 0，PI 小于 1 与 NPV 小于 0 实质完全相同。通常情况下，用现值指数作为净现值的辅助指标，两者根据具体情况结合使用。

5. 内含报酬率法

内含报酬率是指投资方案未来报酬的总现值正好等于该方案初始投资的现值，即投资方案的净现值为 0 时的报酬率。

$$NPV = \sum_{t=0}^{n} NCF_t(1+IRR)^{-t} = 0 \tag{3-16}$$

在内含报酬率的运用中，投资方案的内含报酬率必须大于或等于企业的资金成本或要求的最低报酬率，投资方案才具有可行性，否则方案不可行。

内含报酬率考虑了方案寿命期内各年现金流量的分布，可以从动态的角度直接反映投资项目的实际收益水平，是应用广泛、科学合理的投资决策指标，但是其计算过程较为复杂。

在 Excel 中用 IRR 表示内含报酬率。

语法：IRR(values, guess)。

功能：返回连续期间的现金流量（values）的内含报酬率。

其中：参数 values 必须是含有数值的数组或参考地址，它必须含有至少一个正数及一个负数，否则内含报酬率可能会是无限解。IRR 函数根据 values 参数中数字的顺序来解释现金流量的顺序，所以在输入现金流入量及现金流出量时，必须按照正确的顺序排列。values 参数中的中文、逻辑值或空白单元，都被忽略不计。

内含报酬率与净现值相比较，前者是相对数，后者是绝对数。在评价方案时要注意，比率高的方案绝对数不一定大。如果两个方案是互斥的，应使用净现值指标，选择净现值大的；如果两个指标是相互独立的，应使用内含报酬率指标，优先安排内含报酬率较高的方案。内含报酬率法不必事先选择折现率。

为了客观、科学地分析评价各种投资方案是否可行，需要利用投资评价分析指标，从不同的侧面或角度反映投资方案的内涵，从而对投资方案作出取舍。由于各种投资评价方法均有一定的局限性（见表 3-1），在进行投资方案可行性分析时，应多种方法结合使用，以确保分析结果的可靠性。

表 3-1　投资评价方法的局限性

投资评价方法	方案判断标准	方法局限
投资利润率法	投资利润率大于或等于基准收益率，则方案可行	未考虑资金时间价值，适用于较快收回投资的方案
投资回收期法	投资回收期小于或等于标准回收期，则方案可行	未考虑资金时间价值和回收期后现金流量，评价标准具有较强的主观性，易导致决策失误
净现值法	净现值大于或等于0，则方案可行	未从动态角度反映投资项目的实际收益水平，不适于投资额不等的投资方案比较分析
现值指数法	现值指数大于或等于1，则方案可行	根据期望投资回收报酬率计算，无法直接反映投资方案的实际收益率
内含报酬率法	内含报酬率大于或等于投资者要求的收益率，则方案可行	内含报酬率计算过程中，把各年现金净流量按各自的内含报酬率进行再投资而形成增值，而非按资本市场可能达到的报酬率进行再投资而形成增值

（四）固定资产更新决策

1. 寿命期相等固定资产更新决策分析

新设备的经济寿命与旧设备的剩余寿命相等的固定资产更新决策，可采用差量分析法进行决策分析，即计算一个方案比另一个方案增减的现金流量，进而计算两个方案净现的差额，据此作出更新决策。利用差量法进行固定资产更新决策的主要步骤如下。

（1）分别计算初始投资与折旧的现金流量的差量。

（2）计算各年营业现金流量的差量。

（3）计算两个方案各年现金流量的差量。

（4）计算净现值的差量。

2. 寿命期不等固定资产更新决策分析

新设备的经济寿命与旧设备的剩余寿命不相等的固定资产更新决策，可采用平均成本法进行决策分析，即通过比较继续使用旧设备与更新新设备的年平均成本，选择年平均成本最小的方案。

固定资产的年平均成本，是指该资产引起的现金流出的年平均值。如果不考虑货币的时间价值，它是未来使用年限内的现金流出总额与使用年限的比值；如果考虑货币的时间价值，它是未来使用年限内的现金流出总现值与年金现值系数的比值，即平均每年的现金流出。考虑时间价值的固定资产的年均成本计算方法有三种：一是计算现金流出的总现值，然后分摊给每一年；二是由于各年已经有相等的运行成本，只要将原始投资和残值摊销到每一年，然后求和，也可得到每年平均的现金流出量；三是将残值在原始投资中扣除，视同每年承担相应的利息，然后与净投资摊销及年运行成本总计，求出每年的平均成本。

1）固定资产年平均成本的计算方法

方法一：

$$年平均成本 = \frac{未来使用年限内现金流出总现值}{年金现值系数} \quad (3-17)$$

此方法即计算现金流出的总现值，然后分摊给每一年。

方法二：

$$年平均成本 = 投资摊销 + 年运行成本 - 残值摊销 \quad (3-18)$$

方法三：

$$年平均成本 = 净投资的摊销 + 年运行成本 \quad (3-19)$$

$$净投资 = 投资额 - 残值 \quad (3-20)$$

2）年平均成本法注意的问题

年平均成本法是把继续使用旧设备和购置新设备看成是两个互斥的方案，而不是一个更换设备的特定方案，因此，不能将旧设备的变现价值作为购置新设备的一项现金流入。年平均成本法的假设前提是将来设备再更换时，可以按原来的年平均成本找到可替代的设备。

3. 更新决策方法的选择

通常根据未来使用年限是否相同，可分为两种情况。

（1）方案只有流出而没有流入且未来使用年限不同的，只能采用固定资产年平均成本法进行决策。

（2）方案只有流出而没有流入且未来使用年限相同的，可以使用固定资产的总成本法进行决策，也可以使用差量分析法进行决策（即通过计算差量方案的净现值或内含报酬率进行决策）。

三、实训内容

（一）固定资产折旧

1. 情景资料

青岛海尔电冰箱（国际）有限公司创立于1995年，隶属于海尔集团，是海尔集团与香港勇狮（国际）有限公司合资成立的家用无氟电冰箱产品生产基地，系中外合资企业。公司地处平度市经济技术开发区长江路2号，占地面积260亩，现有职工1 200人，其中专业技术人员100多人。公司一期工程在1995年4月破土动工，并实现当年建设、当年竣工投产，在当地创造了海尔速度的佳话。青岛海尔电冰箱（国际）有限公司以创"中国的世界名牌"为己任，致力于国际竞争力的提升。经过近几年的发展，公司已累计生产电冰箱500多万台，并形成了年出口冰箱150万台的生产能力，成为"中国最大的出口冰箱生产基地"。

预计残值率5%，固定资产的寿命年限、已使用年限和原值见表3-2。

表 3-2　固定资产的寿命年限、已使用年限和原值

固定资产类别	寿命年限/年	已使用年限/年	固定资产原值/元
房屋及建筑物	25	8	1 542 607 482
机器设备	12	4	3 042 050 463
运输设备	4	1	12 588 322
办公设备	2	0	109 453 757
总计			4 706 700 024

2. 实训要求

运用固定资产折旧方法解决以下问题。
（1）采用直线法计算公司当年计提折旧额。
（2）采用年数总和法计算公司当年计提折旧额。
（3）采用双倍余额递减法计算公司当年计提折旧额。
（4）比较以上三种方法计算的本年折旧额，分析哪种方法将使本年的利润总额最低。
（5）利用 Excel 软件，计算三种方法的年折旧额。

3. 实训组织方式及步骤

本实训安排在相关理论知识讲授完之后进行。在实训指导教师的指导下，由学生本人独立完成。学生以班级为单位统一到财务管理模拟实验室进行实训。实验室需配备计算机，并装有 Excel 软件。实训前要求学生对相关知识进行复习。实训的具体步骤如下。
（1）根据直线法计提折旧公式，计算公司各类资产当年计提折旧额并加总。
（2）根据年数总和法计提折旧公式，计算公司各类资产当年计提折旧额并加总。
（3）根据双倍余额递减法计提折旧公式，计算公司各类资产当年计提折旧额并加总。
（4）比较以上三种方法下每年的年折旧成本总额（年折旧成本总额最低的方法将使当年的利润总额最高）。
（5）利用 Excel 软件，确定三种方法计算的公司年折旧额。（注：Excel 软件的操作过程见表 3-3 和表 3-4。）

表 3-3　三种方法计提折旧演示表　　　　　　　　　　　　　　　　　　　元

序号	A	B	C	D	E
1		房屋及建筑物	机器设备	运输设备	办公设备
2	固定资产原值	1 542 607 482	3 042 050 463	12 588 322	109 453 757
3	残值率	5%	5%	5%	5%
4	净残值	B4=B2*B3	C4=C2*C3	D4=D2*D3	E4=E2*E3
5	寿命年限	25	12	4	3
6	直线法当年计提折旧额	B6=SLN（B2, B4, B5）	C6=SLN（C2, C4, C5）	D6=SLN（D2, D4, D5）	E6=SLN（E2, E4, E5）
7	年数总和法当年计提折旧额	B7=SYD（B2, B4, B5, 9）	C7=SYD（C2, C4, C5, 5）	D7=SYD（D2, D4, D5, 2）	E7=SYD（E2, E4, E5, 1）

序号	A	B	C	D	E
8	双倍余额递减法当年计提折旧额	B8＝DDB（B2，B4，B5，9）	C8＝DDB（C2，C4，C5，5）	D8＝DDB（D2，D4，D5，2）	E8＝DDB（E2，E4，E5，1）

表 3-4　三种方法计提折旧计算结果　　　　　　　　　元

序号	A	B	C	D	E
1	项目	房屋及建筑物	机器设备	运输设备	办公设备
2	固定资产原值	1 542 607 482	3 042 050 463	12 588 322	109 453 757
3	残值率	5%	5%	5%	5%
4	净残值	77 130 374	152 102 523	629 416	5 472 688
5	使用年限	25	12	4	3
6	直线法计提折旧额	58 619 084	240 828 995	2 989 726	34 660 356
7	年数总和法计提折旧额	76 655 726	296 404 917	3 587 672	51 990 535
8	双倍余额递减法计提折旧额	63 335 622	244 506 371	3 147 081	72 969 171

（二）固定资产投资决策

1. 固定资产投资决策——新建项目 1

1）情景资料

甲公司为一家美国公司，正在考虑在中国投资一座新的分厂。该工厂的总投资为 30 亿美元（假设全部为固定资产投资），建设期 1 年，期末固定资产无残值。预期在建成后的 4 年里，每年可以获得净现金流量 12 亿美元，英特尔公司股票的 β 系数为 2，美国股市的市场组合的收益率为 8%，假设美国国债利率为 3%。

2）实训要求

运用固定资产投资决策方法解决以下问题。

（1）计算甲公司在中国投资分厂股票预期收益率。

（2）计算甲公司每年的现金流量。

（3）运用净现值法计算甲公司各年现金流量的净现值。

（4）用净现值法判定项目是否可行。

（5）计算该项目的内部收益率。

（6）运用内部收益率法判定项目是否可行。

（7）利用 Excel 软件，显示净现值和内部收益率的计算过程。

3）实训组织方式及步骤

本实训安排在相关理论知识讲授完之后进行。在实训指导教师的指导下，由学生本人独立完成。学生以班级为单位统一到财务管理模拟实验室进行实训。实验室需配备计算机，并装有 Excel 软件。实训前要求学生对相关知识进行复习。实训的具体步骤如下。

（1）根据资本资产定价模型计算股票预期收益率。

（2）填写投资项目各年现金流量表（见表 3-5）。

表 3-5　投资项目各年现金流量　　　　　　　　　　　　　　　　　　　亿美元

项目	NCF_0	NCF_1	NCF_2	NCF_3	NCF_4	NCF_5
新厂投资	-30		12	12	12	12

（3）计算项目经营期现金流量的现值。
（4）根据净现值公式计算甲公司投资净现值。
（5）根据项目净现值判定项目的可行性。
（6）计算项目的内部收益率。
（7）比较项目内部收益率与股票预期收益率，判定项目投资是否可行。
（8）利用 Excel 软件，显示甲公司净现值、内部收益率的计算过程。（注：Excel 软件的操作过程见表 3-6 和表 3-7。）

表 3-6　净现值计算演示表　　　　　　　　　　　　　　　　　　　　　亿美元

序号	A	B	C
1	初始现金流量	-30	
2	第 1 年现金流量	0	
3	第 2 年现金流量	12	
4	第 3 年现金流量	12	
5	第 4 年现金流量	12	
6	第 5 年现金流量	12	
7	折现率		=3%+2×(8%-3%)=13%
8	经营期现金流量现值		=NPV(B7,B2:B6)
9	净现值		=C8+B1
10	IRR		=IRR(B1:B6)

表 3-7　净现值、预期收益率计算结果　　　　　　　　　　　　　　　　亿美元

序号	A	B	C
1	初始现金流量	-30	
2	第 1 年现金流量	0	
3	第 2 年现金流量	12	
4	第 3 年现金流量	12	
5	第 4 年现金流量	12	
6	第 5 年现金流量	12	
7	折现率		=3%+2×(8%-3%)=13%
8	经营期现金流量现值		31.59
9	净现值		1.59
10	IRR		14.76%

2. 固定资产投资——新建项目2

1) 情景资料

甲公司管理层正在考虑一项新的业务计划。

① 投资新的生产线需一次性投入1 000万元，建设期1年，预计可使用10年，使用直线法计提折旧，第10年年末税法规定残值与预计残值均为100万元。

② 购置设备所需的资金通过发行债券方式予以筹措，债券面值为1 000万元，票面利率为10%，债券期限为5年，每年年末支付利息。

③ 该生产线投入使用后，预计可使公司第1~5年的销售收入每年增长1 500万元，第6~10年的销售收入每年增长1 000万元，耗用的人工和原材料等成本为收入的60%。

④ 所得税税率为25%。

⑤ 工厂要求的最低投资报酬率为10%。

2) 实训要求

运用固定资产投资决策方法解决以下问题。

(1) 计算项目计算期。
(2) 计算建设期资本化利息。
(3) 计算固定资产的原值。
(4) 用直线法计算固定资产年折旧额。
(5) 计算项目各年的现金净流量。
(6) 运用净现值法计算各年现金流量的净现值。
(7) 用净现值法判定该项目是否可行。
(8) 计算该项目的内部收益率。
(9) 运用内部收益率法判定该项目是否可行。
(10) 利用Excel软件，显示净现值和内部收益率的计算过程。

3) 实训组织方式及步骤

本实训安排在相关理论知识讲授完之后进行。在实训指导教师的指导下，由学生本人独立完成。学生以班级为单位统一到财务管理模拟实验室进行实训。实验室需配备计算机，并装有Excel软件。实训前要求学生对相关知识进行复习。实训的具体步骤如下。

(1) 计算项目计算期。
(2) 计算建设期资本化利息。
(3) 计算固定资产原值。
(4) 用直线法计算年折旧额。
(5) 计算各年现金净流量并填表（见表3-8）。

表3-8 现金流量计算表金额　　　　　　　　　　　　　　　万元

项目		0年	第1~5年	第6~9年	第10年
初始现金流量					
	设备投资	-1 000			
	初始现金净流量	-1 000			

续表

项目	0年	第1~5年	第6~9年	第10年
营业现金流量				
销售收入		1 500	1 000	1 000
经营付现成本		900	600	600
折旧		100	100	100
税前收益		500	300	300
所得税税率（25%）		125	75	75
净收益		375	225	225
营业现金净流量		475	325	325
终结现金流量				100
现金净流量	−1 000	475	325	425

（6）根据净现值公式计算项目净现值。
（7）根据项目净现值判定项目的可行性。
（8）计算项目的内部收益率。
（9）比较项目内部收益率与股票预期收益率，判定项目投资是否可行。
（10）利用 Excel 软件，显示净现值、内部收益率的计算过程。（注：Excel 软件的操作过程见表 3-9 和表 3-10。）

表 3-9　净现值、内部收益率计算演示　　　　　　　　　　　　万元

序号	A	B	C
1	初始现金流量	−1 000	
2	第1年现金流量	475	
3	第2年现金流量	475	
4	第3年现金流量	475	
5	第4年现金流量	475	
6	第5年现金流量	475	
7	第6年现金流量	325	
8	第7年现金流量	325	
9	第8年现金流量	325	
10	第9年现金流量	325	
11	第10年现金流量	425	
12	折现率		
13	经营期现金流量现值		=NPV(B12, B2: B11)
14	净现值		=C13+B1
15	内部收益率		=IRR(B1: B11)

表 3-10　净现值、内部收益率计算结果　　　　　　　　　　　　　万元

序号	A	B	C
1	初始现金流量	-1 000	
2	第 1 年现金流量	475	
3	第 2 年现金流量	475	
4	第 3 年现金流量	475	
5	第 4 年现金流量	475	
6	第 5 年现金流量	475	
7	第 6 年现金流量	325	
8	第 7 年现金流量	325	
9	第 8 年现金流量	325	
10	第 9 年现金流量	325	
11	第 10 年现金流量	425	
12	折现率	10%	
13	经营期现金流量现值		2 604.16
14	净现值		1 604.16
15	内部收益率		44.40%

3. 固定资产投资决策——投资额相等的互斥项目

1) 情景资料

甲公司为了确保产品品质，满足市场需求，不断进行技术改造和设备更新，投入巨资兴建现代化生产基地，从意大利、荷兰、英国等国家引进具有国际先进水平的生产设备。目前，甲公司打算进行一系列的固定资产投资，甲公司的财务人员根据公司的实际情况，提供了如下 A、B 两种方案。

A 方案：(1) 原始投资共需 1 000 万元（全部来源于自有资金），其中固定资产投资 800 万元，流动资金投资 200 万元。(2) 该项目的建设期为两年，经营期为 10 年。固定资产分两年在每年年初平均投入，流动资金投资在项目完工时（第二年年末）投入。(3) 固定资产的寿命期限为 10 年（考虑预计的净残值），流动资产于终结点一次收回。(4) 预计项目投产后，每年发生的相关营业收入（不含增值税）和经营成本分别为 600 万元和 200 万元，所得税税率为 25%，该项目不享受减免所得税的待遇。(5) 该行业的基准折现率为 10%。

B 方案：投资额与甲方案相等，建设期为两年，固定资产在项目开始时一次投入，流动资金在建设期末投放，经营期不变，经营期各年的经营净现金流量为 300 万元，其他条件不变。

目前，甲公司的固定资产折旧方法按直线法，净残值率按原值的 10% 确定。

2) 实训要求

根据投资项目评价标准进行以下项目决策分析。

(1) 计算 A 方案的固定资产年折旧额。

(2) 计算 A 方案各年的现金净流量。

(3) 计算 A 方案的净现值。

(4) 计算 B 方案各年的现金净流量。

(5) 计算 B 方案的净现值。

(6) 如果 A、B 方案是互斥的，假设你是甲公司的财务经理，请你作出正确的选择。

(7) 利用 Excel 软件，显示决策的过程。

3) 实训组织方式及步骤

本实训安排在相关理论知识讲授完之后进行。在实训指导教师的指导下，由学生本人独立完成。学生以班级为单位统一到财务管理模拟实验室进行实训。实验室需配备计算机，并装有 Excel 软件。实训前要求学生对相关知识进行复习。实训的具体步骤如下。

(1) 计算 A 方案固定资产投资项目现金流量（见表 3-11）。

表 3-11　A 方案固定资产投资项目现金流量　　　　　　　　　　　万元

项目计算期（第 t 年）	建设期			运营期							
	0	1	2	3	4	5	…	9	10	11	12
1. 初始现金净流量											
1.1 固定资产投资											
1.2 流动资产投资											
2. 营业现金流量											
2.1 营业收入											
2.2 经营成本											
2.3 折旧											
2.4 税前利润											
2.5 所得税											
2.6 净利润											
2.7 折旧											
2.8 营业现金净流量											
3. 终结现金净流量											
3.1 回收固定资产余值											
3.2 回收流动资金											
4. 现金净流量											

(2) 计算 B 方案固定资产投资项目现金流量（见表 3-12）。

表 3-12　B 方案固定资产投资项目现金流量　　　　　　　　　　　万元

项目计算期（第 t 年）	建设期			运营期							
	0	1	2	3	4	5	…	9	10	11	12
1. 初始现金净流量											
1.1 固定资产投资											

续表

项目计算期(第 t 年)	建设期			运营期							
	0	1	2	3	4	5	...	9	10	11	12
1.2 流动资产投资											
2. 营业现金净流量											
3. 终结现金净流量											
3.1 回收固定资产余值											
3.2 回收流动资金											
4. 现金净流量											

(3) 计算 A、B 方案的净现值。

(4) 如果 A、B 方案是互斥的,净现值最大的方案是最优的方案。

(5) 利用 Excel 软件,显示决策的过程(见表 3-13 和表 3-14)。

表 3-13 A、B 方案净现值计算演示表   万元

序号	A	B	C
1	项目	甲	乙
2	第 0 年现金净流量	−400	−800
3	第 1 年现金净流量	−400	0
4	第 2 年现金净流量	−200	−200
5	第 3 年现金净流量	=(600−200−800*(1−10%)/10)*(1−25%)+800*(1−10%)/10	300
6	第 4 年现金净流量	=(600−200−800*(1−10%)/10)*(1−25%)+800*(1−10%)/10	300
7	第 5 年现金净流量	=(600−200−800*(1−10%)/10)*(1−25%)+800*(1−10%)/10	300
8	第 6 年现金净流量	=(600−200−800*(1−10%)/10)*(1−25%)+800*(1−10%)/10	300
9	第 7 年现金净流量	=(600−200−800*(1−10%)/10)*(1−25%)+800*(1−10%)/10	300
10	第 8 年现金净流量	=(600−200−800*(1−10%)/10)*(1−25%)+800*(1−10%)/10	300
11	第 9 年现金净流量	=(600−200−800*(1−10%)/10)*(1−25%)+800*(1−10%)/10	300
12	第 10 年现金净流量	=(600−200−800*(1−10%)/10)*(1−25%)+800*(1−10%)/10	300
13	第 11 年现金净流量	=(600−200−800*(1−10%)/10)*(1−25%)+800*(1−10%)/10	300
14	第 12 年现金净流量	=(600−200−800*(1−10%)/10)*(1−25%)+800*(1−10%)/10+200+800*10%	=300+200+800*10%
15	折现率	10%	10%
16	净现值	=NPV(B15,B3:B14)+B2	=NPV(C15,C3:C14)+C2

表 3-14 A、B 方案净现值计算结果   万元

序号	A	B	C
1	项目	甲	乙
2	第 0 年现金净流量	-400	-800
3	第 1 年现金净流量	-400	0
4	第 2 年现金净流量	-200	-200
5	第 3 年现金净流量	318	300
6	第 4 年现金净流量	318	300
7	第 5 年现金净流量	318	300
8	第 6 年现金净流量	318	300
9	第 7 年现金净流量	318	300
10	第 8 年现金净流量	318	300
11	第 9 年现金净流量	318	300
12	第 10 年现金净流量	318	300
13	第 11 年现金净流量	318	300
14	第 12 年现金净流量	598	580
15	折现率	10%	10%
16	净现值	775.14	647.37

4. 固定资产投资决策——投资额不等的互斥项目

1) 情景资料

ABC 公司是一家制造户外动力设备的公司，产品包括割草机和花园拖拉机。该公司正在考虑经营多样化的两个投资项目：第一个是生产比公司现在产品更大、功率更强的拖拉机，而且一些竞争者已经向这个经营方向发展了；第二个是制造除雪机。除雪机的生产和工程技术基本上和制造花园设备的相同，但是公司从未生产过除雪机。

（2）管理层通过项目近 5 年的现金流量来作决策。因为他们认为 5 年以后的情况太不明朗，不能作为当期决策的依据。换句话说，如果一个项目期不能在 5 年内获得足够的收入来证明它的意义，管理者认为这个项目的风险太大了。

在营销、工程、生产部门代表的合作下，一个财务分析员已经将每个项目预计的增量现金流量都总结到一起（见表 3-15）。ABC 公司的资本成本为 10%。

表 3-15 ABC 公司项目预计的增量现金流量   万元

年份	拖拉机	除雪机
0	(4 000)	(4 500)
1	(500)	(1 000)
2	1 000	1 200

续表

年份	拖拉机	除雪机
3	1 500	1 800
4	2 000	2 500
5	2 000	2 500

2）实训要求

根据投资项目评价标准进行以下项目决策分析。

（1）计算拖拉机项目的净现值。

（2）如果两个项目是独立的，通过净现值判定拖拉机项目是否可行。

（3）计算除雪机项目的净现值。

（4）如果两个项目是独立的，通过净现值判定除雪机项目是否可行。

（5）如果两个项目是互斥的，计算项目的增量现金流量。

（6）如果两个项目是互斥的，计算项目的增量净现值。

（7）通过项目的增量净现值判定哪个项目更可取。

（8）如果项目是互斥的，ABC 公司的管理者愿意考虑接下来两年的预计现金流量，而且接下来的预计现金流量与第 4、第 5 年相同，判断哪一个项目会被选择。

（9）利用 Excel 软件，显示决策的过程。

3）实训组织方式及步骤

本实训安排在相关理论知识讲授完之后进行。在实训指导教师的指导下，由学生本人独立完成。学生以班级为单位统一到财务管理模拟实验室进行实训。实验室需配备计算机，并装有 Excel 软件。实训前要求学生对相关知识进行复习。实训的具体步骤如下。

（1）若两个项目都是独立项目，计算各项目净现值。

（2）利用 Excel 软件，显示 0～5 年净现值的计算过程（见表 3-16 和表 3-17）。

表 3-16 0～5 年净现值计算演示表

序号	A	B	C
1	项目	拖拉机	除雪机
2	初始现金流量		
3	第 1 年现金流量		
4	第 2 年现金流量		
5	第 3 年现金流量		
6	第 4 年现金流量		
7	第 5 年现金流量		
8	折现率		
9	经营期现金流量现值	=NPV(B8,B3:B7)	=NPV(C8,C3:C7)
10	净现值	=B9+B2	=C9+C2

表 3-17　0～5 年净现值计算结果　　　　　　　　　　　　　　　　　　　万元

序号	A	B	C
1	项目	拖拉机	除雪机
2	初始现金流量	-4 000	-4 500
3	第 1 年现金流量	-500	-1 000
4	第 2 年现金流量	1 000	1 200
5	第 3 年现金流量	1 500	1 800
6	第 4 年现金流量	2 000	2 500
7	第 5 年现金流量	2 000	2 500
8	折现率	10%	10%
9	经营期现金流量现值	4 106.74	4 694.85
10	净现值	106.74	194.85

（3）若两个项目是互斥项目，计算 0～5 年差量现金流量（见表 3-18）。

表 3-18　0～5 年差量现金流量　　　　　　　　　　　　　　　　　　　万元

项目	差量现金流量	0 年	1～5 年
1. 初始投资	△		
2. 经营现金流量	△		

（4）计算 0～5 年各年差量现金流量的净现值。

（5）根据差量现金流量的净现值，判定项目的可行性。如果差量现金流量的净现值大于 0，则投资额较大的方案可行。

（6）利用 Excel 软件，显示 0～5 年差量现金流量的净现值的计算过程（见表 3-19 和表 3-20）。

表 3-19　0～5 年差量现金流量净现值计算演示表　　　　　　　　　　　　万元

序号	A	B
1	项目	差量
2	初始现金流量	-500
3	第 1 年现金流量	-500
4	第 2 年现金流量	200
5	第 3 年现金流量	300
6	第 4 年现金流量	500
7	第 5 年现金流量	500
8	折现率	10%
9	经营期现金流量现值	=NPV(B8,B3:B7)
10	净现值	=B9+B2

表 3-20　0~5 年差量现金流量净现值计算结果　　　　　　　　　　　万元

序号	A	B
1	项目	差量
2	初始现金流量	-500
3	第 1 年现金流量	-500
4	第 2 年现金流量	200
5	第 3 年现金流量	300
6	第 4 年现金流量	500
7	第 5 年现金流量	500
8	折现率	10%
9	经营期现金流量现值	588.11
10	净现值	88.11

（7）若考虑第 6、第 7 年现金流量，计算差量现金流量（见表 3-21）。

表 3-21　0~5 年差量现金流量　　　　　　　　　　万元

项目	差量现金流量	0 年	1~7 年
1. 初始投资	△		
2. 经营现金流量	△		

（8）计算 0~7 年各年差量现金流量的净现值。

（9）根据差量现金流量的净现值，判定项目的可行性。如果差量现金流量的净现值大于 0，则投资额较大的方案可行。

（10）利用 Excel 软件，显示 0~7 年差量现金流量的净现值的计算过程（见表 3-22 和表 3-23）。

表 3-22　0~7 年差量现金流量净现值计算演示表　　　　　　　　　　万元

序号	A	B
1	项目	差量
2	初始现金流量	
3	第 1 年现金流量	
4	第 2 年现金流量	
5	第 3 年现金流量	
6	第 4 年现金流量	
7	第 5 年现金流量	
8	第 6 年现金流量	
9	第 7 年现金流量	
10	折现率	
11	经营期现金流量现值	=NPV(B10,B3:B9)
12	净现值	=B11+B2

第三部分　投资管理实训

表 3-23　0～7 年差量现金流量净现值计算结果　　　　　　　　　万元

序号	A	B
1	项目	差量
2	初始现金流量	−500
3	第 1 年现金流量	−500
4	第 2 年现金流量	200
5	第 3 年现金流量	300
6	第 4 年现金流量	500
7	第 5 年现金流量	500
8	第 6 年现金流量	500
9	第 7 年现金流量	500
10	折现率	10%
11	经营期现金流量现值	1 126.92
12	净现值	626.92

5. 固定资产投资——更新改造项目

1) 情景资料

甲公司是一家打印机生产商，对于一个经营良好的公司来说，必须时刻关注市场上出现的新的投资机会。甲公司的管理者们正在考虑一个设备更新方案，他们打算购买一套新的打印机装配生产设备来代替现在使用的设备。现用设备的账面价值 2 000 万元，如果不替换的话，还可以再使用 10 年。购买新的打印机装配生产设备的成本是 1 600 万元，预计使用年限同样是 10 年。使用新设备能够降低公司的营运成本，增加公司的营业收入，从而增加每年的现金流量。甲公司的财务经理对使用新设备对公司每年现金流量和收益的预计影响作了测算（见表 3-24）。

表 3-24　年现金流量预计增加额　　　　　　　　　万元

增加的营业收入	100
节约的成本（扣除折旧因素）	40
年折旧费用减少额	40
现用设备的折旧	200
新设备的折旧	160
税前收益增加额	180
所得税增加额（25%）	45
净收益增加额	135
年现金流量预计增加额	95

张伟是甲公司的一位董事，他提出了自己的看法："这些数字看上去不错，但现在的问题是要使用新的生产设备，就得出售现在使用的旧设备，我们是否应考虑一下公司因此而蒙

受的损失呢？既然现在有了新的流水线，那我们的旧设备能值多少钱呢？"为了回答张伟的疑问，财务经理又给出了以下资料：

现存旧设备的账面价值　　　　　　　2 000 万元
预计市场价值（扣除清理费用的净值）　200 万元
所得税税前损失　　　　　　　　　　1 800 万元
损失抵减所得税（25%）　　　　　　　450 万元
出售现有旧设备的净损失　　　　　　1 350 万元

张伟看了资料，大吃一惊，说："我的天，我们的损失竟跟新设备的成本差不多。新设备成本为 1 600 万元，加上这 1 350 万元损失，那么使用新设备实际就得投入 2 950 万元。"

2）实训要求

（1）计算甲公司使用新设备后新增的现金流量。

（2）计算购买新设备这一方案的净现值，假设投资者要求的最低报酬率为 12%。在计算时，有关现金流量的时间假设如下：

① 年初用现金购买新设备；
② 年初出售现有设备并马上收到了现金；
③ 出售现有设备带来的所得税利益在出售时实现；
④ 以后 10 年每年的净现金流量视为在年末收到。

（3）确定甲公司最终的选择，是否购买新设备。

（4）利用 Excel 软件，显示净现值的计算过程。

3）实训组织方式及步骤

本实训安排在相关理论知识讲授完之后进行。在实训指导教师的指导下，由学生本人独立完成。学生以班级为单位统一到财务管理模拟实验室进行实训。实验室需配备计算机，并装有 Excel 软件。实训前要求学生对相关知识进行复习。实训的具体步骤如下：

（1）计算更新改造项目的差量现金流量（见表 3-25）。

表 3-25　更新改造项目的差量现金流量　　　　　　　　　　　万元

项目	差量现金流量	0 年	1～10 年
1. 初始投资		-950	
2. 经营现金流量	△		
（1）销售收入	△		100
（2）经营付现成本节约额	△		40
（3）折旧费	△		-40
（4）税前收益	△		180
（5）所得税	△		45
（6）税后收益	△		135

（2）计算项目净现值（见表 3-26 和表 3-27）。

表 3-26　净现值计算演示表　　　　　　　　　　　　　　　　　万元

序号	A	B
1	初始现金流量	-950
2	年金	-95
3	折现率	12%
4	期数	10
5	年金现值	=PV(B3,B4,B2)
6	净现值	=B5+B1

表 3-27　净现值计算结果表　　　　　　　　　　　　　　　　　万元

序号	A	B
1	初始现金流量	-950
2	年金	-95
3	折现率	12%
4	期数	10
5	年金现值	536.77
6	净现值	-413.23

# 模块二 证券投资实训

一、实训目的

通过互联网或其他途径查找债券的相关资料并进行分析，理解和掌握债券价值评估、债券到期收益率与持有期间收益率的计算以及债券久期、凸性的计算与应用；通过互联网或其他途径查找上市公司的股价及其他相关信息，了解上市公司的基本情况，掌握股利折现法在评估股票价值中的具体应用，包括股利零增长模型、股利稳定增长模型和两阶段股利折现模型。

二、理论知识点

（一）债券价值评估

债券是筹资者为筹集资本而发行的、约定在一定时期内向债权人还本付息的有价证券。

1. 债券现值估价模型

债券的价值是其预期现金流量的现值。假设债券投资者要求的收益率各期不变，债券定期支付利息，到期偿还本金。其价值计算公式为：

$$P_b = \frac{I_1}{1+r_t} + \frac{I_2}{(1+r_t)^2} + \cdots + \frac{I_t}{(1+r_t)^t} + \frac{F}{(1+r_t)^n} \tag{3-21}$$

式中：P_b 表示债券的价值；I_t 表示第 t 期的利息；F 表示到期的本金（面值）；r_t 表示债券投资者要求的收益率；n 表示年限。

2. 债券收益率估价模型

1）债券到期收益率

债券到期收益率（yield to maturity，YTM）是指债券按当前市场价格购买并持有至到期日所产生的预期收益率，即债券预期利息和到期本金（面值）的现值与债券现行市场价格相等时的折现率。每期期末付息、到期一次还本的债券，其到期收益率的计算公式为：

$$P_b = \sum_{t=1}^{n} \frac{I_t}{(1+\text{YTM})^t} + \frac{F}{(1+\text{YTM})^n} \tag{3-22}$$

式中：P_b 表示债券当前的市场价格，其他符号同前。

计算债券到期收益率一般采用插值法或根据 Excel 财务函数 "RATE" 来完成。实务中也可以采用简化方式计算到期收益率，其计算公式为：

$$\text{YTM} = \frac{I + (F - P_b)/n}{(F + P_b)/2} \tag{3-23}$$

式中：n 表示债券期限。

2）持有期间收益率

持有期间收益率是指投资者购买并持有的债券未至到期日便中途转卖时所获得的收益率，其计算公式为：

$$R = \frac{S_1 - S_0 + P}{S_0} \times 100\% \qquad (3-24)$$

式中：R 表示证券投资收益率；S_1 表示证券出售价格；S_0 表示证券购买价格；P 表示证券股利或利息。

（二）股票价值评估

股票是一种有价证券，投资者购买公司股票成为公司股东，并拥有公司的控制权、收益分配权、股票转让权及优先认购权等。

股票价值评估主要有现金流量折现法、乘数估价法和期权估价法三种。本实训主要练习现金流量折现法的股利折现模型，包括股利零增长模型、股利稳定增长模型和两阶段股利折现模型。

在现金流量折现法下，股票价值等于其未来现金流量的现值。股票现金流量一般指股利或股权自由现金流量，因此，现金流量折现法主要有股利折现模型和股权自由现金流量折现模型。在股利折现模型下，股票投资的现金流量包括两部分：一是每期的预期股利，二是股票的预期出售价格。由于持有期期末股票的预计价格是由股票未来的股利决定的，因此股票当前的价格应等于无限期股利的现值，即：

$$P_0 = \frac{D_1}{(1+r_s)} + \frac{D_2}{(1+r_s)^2} + \cdots = \sum_{t=1}^{\infty} \frac{D_t}{(1+r_s)^t} \qquad (3-25)$$

式中：D_t 表示各期预期股利（$t=1, 2, \cdots, n, \cdots$）；$r_s$ 表示普通股投资必要收益率或股本成本。

与债券现金流量不同，股票现金流量有更大的不确定性。因此，根据对未来增长率的不同假设构造出几种不同形式的具体股利折现模型。

假设未来股利零增长，即每期发放的股利相等，均为固定值 D，则股票当前的价格计算为：

$$P_0 = \frac{D}{r_s} \qquad (3-26)$$

如果投资者按现行市价购买股票，则股票的预期收益率（r'_s）为预期股利与其市场价值之比，即：

$$r'_s = \frac{D}{P_0} \qquad (3-27)$$

三、实训内容

（一）债券价值评估

1. 情景资料

广东省广晟资产经营有限公司（以下简称"广晟资产"）成立于1999年12月23日，注册资金100亿元，是广东省属国有独资重点企业。经过20多年的发展，公司已成长为以矿产资源、电子信息、环保为主业，工程地产、金融协同发展的大型跨国企业集团。截至 2019 年年底，公司资产总额近 1 300 亿元，2019 年实现营业总收入超过 600 亿元，利润总额 36 亿元；主要经济指标位居省属企业前列。公司控股 6 家 A 股上市公司（中金岭南、广晟有色、风华高科、国星光电、佛山照明、东江环保），是中国电信的第二大股东。公司系统现有员工 8 万余人，其中中共党员 1.1 万多人。公司位居 2019 中国企业 500 强第 306 位、中国服务业企业 500 强第 116 位，同时荣登 2019 中国战略性新兴产业领军企业 100 强、中国跨国公司 100 大榜单。

2016 年 3 月 11 日至 3 月 15 日，广晟资产按面值 100 元向社会公开发行公司债券（债券简称"16 广晟 01"）20 亿元，票面利率为 3.7%（固定利率），期限为 15 年，到期日为 2031 年 3 月 11 日。采用单利计息，每年 3 月 11 日付息一次，到期偿还本金。本期债券募集的资金中 15 亿元用于认缴广东广晟产业投资母基金（有限合伙）份额，5 亿元用于补充流动资金。该债券为无担保债券，信用级别为 AAA 级，由广发证券股份有限公司及平安证券有限责任公司作为主承销商。2016 年 3 月 16 日，经发行人申请，16 广晟 01 在上海证券交易所上市，债券代码为 127400。

2. 实训要求

（1）进行债券的现值估价，估价中可自行假设相关的条件。
（2）进行债券的收益率估价，包括到期收益率与持有期间收益率。

3. 实训组织方式及步骤

本实训安排在相关理论知识讲授完之后进行。在实训教师负责组织和指导下，由学生自由组成 3~4 人为一组的实训小组，确定小组负责人，并以小组为单位自主完成实训。学生利用课余时间到证券机构或交易所进行实地考察之后，以班级为单位统一在财务管理模拟实验室内进行实训。实训前要求熟悉债券现值估价、收益率计算等相关的理论知识。实训过程中，首先由实训教师以"16 广晟 01"为例，引导学生利用互联网查找该债券的相关资料，并按照实训要求完成实训内容。然后，由学生自行选择一家或几家债券，根据"16 广晟 01"的相关计算过程分小组独立实训。实验室需配备能上网的计算机，并装有 Excel 等软件。实训的具体步骤如下。

1）"16 广晟 01"相关资料的查询过程

登录中国证券网、证券之星、和讯、新浪等相关网站，查看债券的相关资料，如证券之星会发布每个交易日的债券收益率排行列表。表 3-28 和表 3-29 分别为 2021 年 7 月 30 日部分国债和企业债券的行情收益率排行列表。

表 3-28 国债收益率排行列表

2021 年 7 月 30 日

序号	债券代码	债券简称	年利率	到期收益率	到期日	剩余年限/年	付息方式	利率类型	相关功能
1	020392	20 贴现 59	99.30%	87.87%	2021-03-08	0.01	贴现	贴现	行情资讯
2	130024	13 附息国债 24	5.31%	3.90%	2063-11-18	42.30	半年付息	固定利率	行情资讯

续表

序号	债券代码	债券简称	年利率	到期收益率	到期日	剩余年限/年	付息方式	利率类型	相关功能
3	019325	13 国债 25	5.05%	3.66%	2043-12-09	22.36	半年付息	固定利率	行情资讯
4	130025	13 附息国债 25	5.05%	4.07%	2043-12-09	22.36	半年付息	固定利率	行情资讯
5	080013	08 国债 13	4.94%	2.78%	2028-08-11	7.03	半年付息	固定利率	行情资讯
6	140009	14 附息国债 09	4.77%	3.50%	2034-04-28	12.75	半年付息	固定利率	行情资讯

表 3-29　企业债收益率排行列表
2021 年 7 月 30 日

序号	债券代码	债券简称	年利率	到期收益率	到期日	剩余年限/年	付息方式	利率类型	相关功能
1	167902	20 万通 03	9.00%	8.95%	2022-10-30	1.81	按年付息	固定利率	行情资讯
2	122765	11 泛海 02	8.90%	202.28%	2021-12-13	0.49	按年付息	固定利率	行情资讯
3	151467	19 天房 01	8.90%	8.73%	2022-04-23	0.82	按年付息	固定利率	行情资讯
4	127102	PR 襄矿债	8.80%	514.15%	2022-02-11	0.55	按年付息	固定利率	行情资讯
5	127856	18 安发 01	8.80%	9.26%	2025-09-11	4.12	按年付息	固定利率	行情资讯
6	135322	16 田领涧	8.80%	8.50%	2021-03-03	0.17	按年付息	固定利率	行情资讯

2)"16 广晟 01"现值估价

假设某投资者在"16 广晟 01"发行 4 年后于 2020 年 3 月 11 日欲购买"16 广晟 01",若该投资者要求的必要收益率为 4%,则该债券的价值为:

$$P_b = \sum_{t=1}^{11} \frac{100 \times 3.7\%}{(1+4\%)^t} + \frac{100}{(1+4\%)^{11}} = 97.37(元)$$

债券发行价格的计算也可借助于 Excel 中 PV 财务函数,输入方式为:PV(折现率,发行期限,-利息,-面值),即输入"=PV(4%, 11, -100*3.7%, -100)",得到债券价值为 97.37 元。

查询 2020 年 3 月 11 日,"16 广晟 01"当日收盘价为 100.66 元,若投资者以此价格进行投资,从理论上看,该投资者不应该购买该债券。

假设 2021 年 3 月 11 日,该投资者再次考虑购买"16 广晟 01",若此时,该投资者要求的必要收益率降为 4%,此时,债券的剩余期限为 10 年,则该债券的价值为:

$$P_b = \sum_{t=1}^{10} \frac{100 \times 3.7\%}{(1+4\%)^t} + \frac{100}{(1+4\%)^{10}} = 97.57(元)$$

或通过 Excel 电子表格计算,见表 3-30。

2021 年 3 月 11 日,"16 广晟 01"当日收盘价为 100.05 元(全价),从理论上看,该投资者不可以购买该债券。

3)"16 广晟 01"的收益率分析

(1)剩余年限。

若 2021 年 3 月 11 日购买,离到期日还有 10 年。

表 3-30 2021 年 3 月 11 日 "16 广晟 01" 价值计算

投资者要求的必要收益率为 4%

序号	D 债券剩余期限/年	E 各期现金流量/元	F 必要收益率	G 现金流量现值/元	H 函数公式输入
1	债券剩余期限/年	各期现金流量/元	必要收益率	现金流量现值/元	函数公式输入
2	1	3.7	4%	3.56	
3	2	3.7	4%	3.42	
4	3	3.7	4%	3.29	
5	4	3.7	4%	3.16	
6	5	3.7	4%	3.04	D2 = PV（C2,A2,,-B2），D3:
7	6	3.7	4%	2.92	D11 单元格依此填充
8	7	3.7	4%	2.81	
9	8	3.7	4%	2.70	
10	9	3.7	4%	2.60	
11	10	103.7	4%	70.06	
12	合计			97.56	D12=SUM(D2:D11)

（2）到期收益率。

2021 年 3 月 11 日，"16 广晟 01" 的收盘价为 100.05 元，如果某投资者于当天按此价购买该债券并一直持有至到期，则税前到期收益率的计算公式为：

$$P_b = 100.05 = \frac{100 \times 3.7\%}{(1+YTM\%)^1} + \frac{100 \times 3.7\%}{(1+YTM\%)^2} + \frac{100 \times 3.7\%}{(1+YTM\%)^3} + \frac{100 \times 3.7\%}{(1+YTM\%)^4} + \frac{100 \times 3.7\%}{(1+YTM\%)^5} +$$

$$\frac{100 \times 3.7\%}{(1+YTM\%)^6} + \frac{100 \times 3.7\%}{(1+YTM\%)^7} + \frac{100 \times 3.7\%}{(1+YTM\%)^8} + \frac{100 \times 3.7\%}{(1+YTM\%)^9} + +\frac{100 \times 3.7\% + 100}{(1+YTM\%)^{10}}$$

利用 Excel 中单变量求解 YTM 计算如下。

首先，假设 YTM=4%，据此计算各期的现金流量及现值，见表 3-31。

表 3-31 "16 广晟 01" 预期各期的现金流量及其现值

按 4% 的收益率计算

序号	A 期数/年	B 各期现金流量/元	C 现金流量现值/元	D 函数公式输入
1	期数/年	各期现金流量/元	现金流量现值/元	函数公式输入
2	1	3.7	3.56	
3	2	3.7	3.42	
4	3	3.7	3.29	
5	4	3.7	3.16	
6	5	3.7	3.04	C2=PV（C13,A2,,-B2），
7	6	3.7	2.92	C3:C11 单元格依此填充
8	7	3.7	2.81	
9	8	3.7	2.70	
10	9	3.7	2.60	
11	10	103.7	70.06	
12	现金流量现值合计		97.56	C12=SUM(C2:C11)
13	到期收益率		4%	预先设定

然后，单击菜单栏【数据】，在下拉菜单中选择【模拟分析】中的【单变量求解】，在出现的对话框中根据提示分别输入相关数据，如图 3-5 所示。单击【确定】按钮后，出现如表 3-32 所示的结果，即该债券的到期收益率为 3.7%。

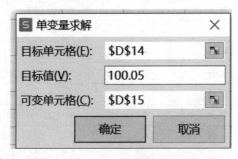

图 3-5　Excel 单变量求解过程图

表 3-32　16 广晟 01 预期各期的现金流量及其现值、到期收益率

序号	A	B	C	D
	期数/年	各期现金流量/元	现金流量现值/元	函数公式输入
1				
2	1	3.7	3.57	
3	2	3.7	3.44	
4	3	3.7	3.32	
5	4	3.7	3.20	
6	5	3.7	3.09	C2=PV(C14, A2,,-B2)，C3:C11 单元格依此填充
7	6	3.7	2.98	
8	7	3.7	2.87	
9	8	3.7	2.77	
10	9	3.7	2.67	
11	10	103.7	72.11	
13	现金流量现值合计		100.00	单变量求解时设定
14	到期收益率		3.7%	单变量求解所得

（二）股票价值评估

1. 情景资料

深圳市燃气集团股份有限公司（601139），简称"深圳燃气"，创立于 1982 年，是一家以城市管道燃气经营为主体，以燃气投资、液化天然气与液化石油气经营为两翼的公用事业上市公司。2009 年 12 月 25 日在上海证券交易所上市。经查询，该公司上市以来每股收益与股利分配情况见表 3-33。

表 3-33 深圳燃气（601139）每股收益与股利分配情况

报告期	每股收益/元	10股分红/元	10股送股/股	10股转增/股	登记日	除权除息日
2009	0.24	1.00	0	0	2010-06-04	2010-06-07
2010	0.26	1.30	0	0	2011-06-28	2011-06-29
2011	0.33	1.30	0	5	2012-06-13	2012-06-14
2012	0.27	1.36	0	0	2013-06-21	2013-06-24
2013	0.36	1.43	0	0	2014-06-24	2014-06-25
2014	0.36	1.43	0	0	2015-06-25	2015-06-26
2015	0.31	1.00	0	0	2016-06-17	2016-06-20
2016	0.35	1.05	0	0	2017-06-13	2017-06-14
2017	0.40	1.50	0	3	2018-06-21	2018-06-22
2018	0.36	1.50	0	0	2019-06-19	2019-06-20
2019	0.37	1.80	0	0	2020-06-18	2020-06-19
2020	0.46	2.10	0	0	2021-06-23	2021-06-24

2. 实训要求

（1）计算深圳燃气各年的每股股利及股利支付率。

（2）假设深圳燃气预计以后每年均维持每 10 股分红 1.80 元的股利政策，某投资者于 2021 年 6 月 28 日按当日股票收盘价购入该公司股票，计算该投资者投资股票的预期收益率。

（3）计算各年股利增长率，并将各年股利增长率的平均值作为预期股利增长率，且保持不变。假设某投资者于 2021 年 6 月 28 日按当日股票收盘价购入该公司股票，计算该投资者投资股票的预期收益率。

3. 实训组织方式及步骤

本实训首先由实训教师引导学生通过互联网查找上市公司股票价格资料，然后由每位学生运用所学的知识独立完成实训。实训主要在财务管理模拟实验室中进行。实验室需配备能上网的计算机，装有 Excel 等软件。实训的具体步骤如下。

（1）登录新浪财经、巨潮资讯、和迅股票等相关网站，查看股票相关资料。例如：新浪财经提供的行情走势、技术分析、公司资料、发行分配、股本股东、公司公告、财务数据、重大事项等；通过巨潮资讯查询【行情中心】并选中【国内个股行情】，可以获得该股票特定日期的收盘价信息。

（2）根据实训条件与要求，完成 Excel 电子表格表 3-34。

表 3-34 深圳燃气（601139）收益率估价

序号	A	B	C	D	E	F
1	报告期	每股收益/元	10股分红/元	每股股利/元	股利支付率	股利增长率
2	2009	0.24	1.00			

续表

序号	A	B	C	D	E	F
1	报告期	每股收益/元	10股分红/元	每股股利/元	股利支付率	股利增长率
3	2010	0.26	1.30			
4	2011	0.33	1.30			
5	2012	0.27	1.36			
6	2013	0.36	1.43			
7	2014	0.36	1.43			
8	2015	0.31	1.00			
9	2016	0.35	1.05			
10	2017	0.40	1.50			
11	2018	0.36	1.50			
12	2019	0.37	1.80			
13	2020	0.46	2.10			
14	股利增长率均值					
15		(1) 各年维持10股分红2.10元的股利政策				
15	2021年6月28日收盘价					
16	预期收益率					
17		(2) 各年股利预期按平均股利增长率稳定增长				
18	2021年6月28日收盘价					
19	预期收益率					

 巩固练习

1. 某公司于2021年年初用自有资金购置一台设备,需一次性投资100万元。经测算,该设备使用寿命为5年,税法允许按5年计提折旧;设备投入运营后每年可新增利润20万元;直线法计提折旧,净残值率为5%。不考虑建设期和公司所得税。

要求:(1) 计算使用期内各年现金净流量;

(2) 计算投资回收期和投资报酬率;

(3) 以10%作为折现率,计算其净现值。

2. B公司投资39 000元购置一台设备,寿命期为3年,按年限平均法计提折旧,假设该设备无残值。设备投产后每年可取得销售收入分别为124 000元、227 000元、360 000元,每年的其他付现费用支出分别为67 000元、130 000元、210 000元。该企业所得税税率25%,平均资本成本为10%。

要求:(1) 计算未来3年每年的税后利润;

(2) 计算该投资方案的净现值;

(3) 该项目是否可行?为什么?

3. 已知某长期投资项目建设期净现金流量为:$NCF_0 = -500$万元,$NCF_1 = -500$万元,$NCF_2 = 0$,$NCF_3 \sim NCF_{12} = 200$万元,第12年年末的回收额为100万元,行业基准折现率为 10%。

要求：(1) 计算原始投资额；

(2) 计算终结点现金净流量；

(3) 计算静态投资回收期（不包括建设期和包括建设期的回收期）；

(4) 计算净现值。

4. 某债券面值 1000 元，期限为 5 年，市场利率为 12%。要求：分别计算以下情况债券的内在价值。

(1) 债券每年末付息一次，票面利率为 10%；

(2) 债券以贴现方式发行，到期按面值偿还，没有票面利率。

5. 某固定资产需投资 40 000 元，建设期为 1 年。使用寿命为 5 年，直线提折旧，期满固定资产残值收入 5 000 元。5 年中，每年的销售收入 15 000 元，每年的付现成本 4 000 元。该企业适用的所得税税率 25%。假定该项目的行业基准折现率为 10%。

要求：(1) 计算该方案的现金净流量；

(2) 计算方案净现值；

(3) 判断方案是否可行。

6. 甲公司计划利用一笔长期资金投资购买股票。现有 A 公司股票和 B 公司股票可供选择，该公司只准备投资一家公司的股票。已知 A 公司股票现行市价为每股 9 元，上年每股股利为 0.2 元，预计以后每年以 6% 的增长率增长；B 公司股票现行市价为每股 8 元，上年每股股利为 0.60 元，股利分配政策将一贯坚持固定股利政策。该公司所要求的投资必要报酬率为 8%。

要求：(1) 利用股票估价模型，分别计算 A、B 公司的股票价值；

(2) 代甲公司作出股票投资决策。

第四部分　营运资金管理实训

模块一　现金管理实训

一、实训目的

通过对现金管理模块的实训，掌握现金最佳持有量的确定与分析方法。

二、理论知识点

现金是企业的血液，是企业进行生产经营工作的最基本要素，任何一个企业在其生产经营过程中，所有对外的经济除了少数非现金交易外，基本上都要通过现金的收付来实现，如筹集资金，采购商品、办公用品和设备，发放工资，支付差旅费，销售商品，缴纳税费和租金，分配股利和支付利息等。如果企业的现金缺失或周转不灵将会导致企业经营困难，严重时会使企业陷入破产的境地，因此加强对现金的管理十分必要。

现金是指生产过程中暂时停留在货币形态的资金，包括库存现金、银行存款、银行本票和银行汇票。现金同时兼有流动性最强和盈利性最差的特性。如果现金持有过多，会导致企业盈利水平下降；反之，则会造成现金短缺，影响企业的正常生产经营。

1. 现金持有动机

（1）交易动机。交易动机是指企业持有一定的现金以满足正常生产经营活动中各种支付的需要。这是企业持有现金的主要动机。一般而言，企业为满足交易动机所持有的现金余额主要取决于企业销售水平。

（2）预防动机。预防动机是指企业持有一定量现金以应付紧急情况或者意外事件的发生。企业为应付紧急情况所持有的现金余额主要取决于三个方面：一是企业愿意承担风险的程度；二是企业临时举债能力的强弱；三是企业对现金流量预测的可靠程度。

（3）投机动机。投机动机是指企业为抓住各种瞬息即逝的市场机会、获取较大利益而持有的一定量现金。在投机动机下，现金持有量大小往往与企业在金融市场的投资机会及企业对待风险的态度有关。

2. 现金的成本

（1）持有成本。持有成本是指企业因保留一定现金余额而增加的管理费用及丧失的再投资收益（即企业不能同时用该现金进行有价证券投资获得收益所产生的机会成本）。

（2）转换成本。转换成本是指企业用现金购入有价证券以及转让有价证券换取现金时付出的交易费用。

（3）短缺成本。短缺成本是指在现金持有量不足而又无法及时通过有价证券变现加以补充而给企业造成的损失。

3. 现金最佳持有量

企业在生产经营过程中，必须要根据经营管理的要求，去寻求一个最佳现金持有量。最佳现金持有量又称为最佳现金余额，是指满足生产经营的需要，又使现金使用的效率和效益最高时的现金最低持有量，即能够使现金管理的机会成本与转换成本之和保持最低的现金持有量。

现金最佳持有量的确定有4种方法：成本分析模式、随机模式、存货模式、现金周转模式。本实训主要练习随机模式和存货模式。

1) 随机模式

随机模式是在现金需求量难以预知的情况下进行现金持有量控制的方法。对于企业来讲，现金需求往往波动很大且难以预测，企业可以根据历史经验和现实需求，制定一个现金持有量控制区域，即制定出现金量的上限和下限，将现金量控制在上下限之内。当现金量达到控制上限时，用现金购入有价证券，使现金持有量下降；当现金量降到控制下限时，则抛售有价证券换回现金，使现金持有量回升。若现金量在控制的上下限之内，则不必进行现金与有价证券的转换，保持它们各自的现有存量（如图4-1所示）。

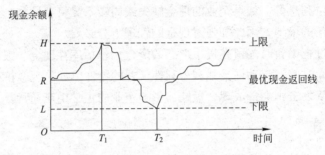

图4-1 现金最佳持有量随机模式图

最优现金返回线 R 按下式计算：

$$R = \sqrt[3]{\frac{3F\sigma^2}{4r}} + L \tag{4-1}$$

$$H = 3R - 2L \tag{4-2}$$

$$\text{平均现金余额} = \frac{4R - L}{3} \tag{4-3}$$

式中：F 表示每次证券转换的交易成本；σ^2 表示每日现金余额的方差；r 表示有价证券日利率（按日计算的机会成本）。

2) 存货模式

存货模式是根据存货管理中经济订货批量模型的基本原理确定现金最佳持有量的方法。存货模式中只考虑机会成本和交易成本。能够使现金管理的机会成本与交易成本之和保持最低的现金持有量，即为现金最佳持有量。现金持有量与这两种成本的关系可用图4-2表示。

从图4-2中可以看出，现金余额的大小与机会成本同方向变化，而与交易成本反方向变化。

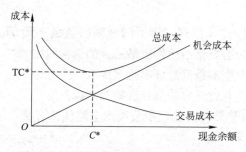

图 4-2 现金最佳持有量存货模式图

$$现金总成本 = 机会成本 + 交易成本 = \frac{最佳现金持有量}{2} \times 有价证券利率 +$$

$$\frac{某一周期内现金总需求量}{最佳现金持有量} \times 每次转换有价证券的成本 \tag{4-4}$$

$$最佳现金持有量 = \sqrt{\frac{2 \times 某一周期内现金总需求量 \times 每次转换有价证券的成本}{有价证券利率}} \tag{4-5}$$

$$最低现金相关成本 = \sqrt{2 \times 某一周期内现金总需求量 \times 每次有价证券转换成本 \times 有价证券的利率} \tag{4-6}$$

3）现金周转模式

现金周转模式是按现金周转期来确定最佳现金余额的一种方法。现金周转期是指现金从投入生产经营开始，到最终转化为现金的过程。

$$现金周转期 = 存货周转期 + 应收账款周转期 - 应付账款周转期 \tag{4-7}$$

$$最佳现金余额 = \frac{年现金需求总额}{360} \times 现金周转期 \tag{4-8}$$

使用现金周转模式，需要满足以下条件。

（1）必须能够根据往年的历史资料准确测算出现金周转次数，并且假定未来年度与历史年度周转次数基本一致。

（2）未来年度的现金总需求应根据产销计划比较准确地预计。

如果未来年度的周转效率与历史年度相比发生变化，但变化是可以预计的，则此分析模式仍然可以采用。

三、实训内容

1. 现金最佳持有量确定——存货模式

1）情景资料

甲公司财务经理为了尽量减少企业闲置的现金数量，提高资金收益率，考虑确定现金最佳持有量。甲公司每月需要耗用现金约 350 万元，企业在有价证券上投资的平均收益率为 5%，每次转换有价证券的交易成本为 1 000 元，企业的现金支付固定且连续。

2）实训要求

（1）若该企业财务经理打算持有三笔不同金额的款项：50 万元、80 万元和 100 万元，你能结合甲公司全年的现金需要量给他作出最适合的选择吗？

（2）甲公司持有现金发生的最低总成本是多少？

（3）一年内购买股票等有价证券的最佳次数为多少？

（4）利用 Excel 电子表格软件，确定甲公司现金最佳持有量。

3）实训组织方式及步骤

实训主要在财务管理模拟实验室中进行。实验室需配备计算机，并装有 Excel 等软件。

（1）利用现金最佳持有量存货模型计算现金最佳持有量、最低总成本、有价证券转换次数。

（2）利用 Excel 表计算现金最佳持有量（见表 4-1 和表 4-2）。

表 4-1　现金最佳持有量计算演示表

序号	B	C
1	现金最佳持有量	
2	每月耗用现金	3 500 000
3	全年耗用现金	=C2*12
4	现金交易成本	1 000
5	有价证券利率	5%
6	现金最佳持有量	=SQRT(2*C3*C4/C5)
7	一年内现金转换次数	=C3/C6
8	转换和持有现金的总成本	=SQRT(2*C3*C4*C5)

表 4-2　现金最佳持有量计算结果　　　　　　　　　　　　　　元

序号	B	C
1	现金最佳持有量	
2	每月耗用现金 3 500 000	
3	全年耗用现金	42 000 000
4	现金交易成本	1 000
5	有价证券利率	5%
6	现金最佳持有量	1 296 148.14
7	一年内现金转换次数	32.403 703 49
8	转换和持有现金的总成本	64 807.406 98

2. 现金最佳持有量确定——随机模式

1）情景资料

甲公司生产多种产品，现金水平很难预测。甲公司在活期存款账户内要保持 80 000 元的最低存款。分析结果表明，甲公司每日现金余额的方差是 1 000 元，每次证券转换的交易成本为 200 元，证券投资收益率为 8%。

2)实训要求

运用随机模式分析下列问题:

(1) 最优现金返回点是多少?

(2) 现金控制的上限是多少?

(3) 每次证券买卖的规模是多大?

(4) 用 Excel 表计算结果。

3)实训组织方式及步骤

在实训教师负责和指导下,每位学生独立完成。在实训过程中,首先根据实训内容由实训教师讲授理论知识,并针对重点予以实例演示。

实训主要在财务管理模拟实验室中进行。实验室需配备计算机,并装有 Excel 等软件。实训步骤如下。

(1) 根据随机模式计算最优现金返回点、现金上限、每次现金买卖规模。

(2) 利用 Excel 计算上述结果(见表 4-3 和表 4-4)。

表 4-3 现金返回点计算演示表 元

序号	B	C
1	最低存款	80 000
2	每日现金余额方差	1 000
3	每次证券转换成本	200
4	证券投资收益率	8%
5	证券投资日收益率	=C4/360
6	现金返回点	=(3*C3*C2/(4*C5))^(1/3)+C1
7	现金返回点上限	=3*C6-2*C1

表 4-4 现金返回点计算结果 元

序号	B	C
1	最低存款	80 000
2	每日现金余额方差	1 000
3	每次证券转换成本	200
4	证券投资收益率	8%
5	证券投资日收益率	0.02%
6	现金返回点	80 877.21
7	现金返回点上限	82 631.62

模块二　应收账款管理实训

一、实训目的

通过对应收账款管理模块的实训,掌握应收账款信用政策的综合决策分析方法。

二、理论知识点

应收账款是企业为了促进销售、增强竞争力所采用的商业手段,但无法避免由应收账款所带来的坏账风险,因此企业必须加强应收账款管理,使经济效益最大化。应收账款管理的内容包括应收账款成本和信用政策。

1. 应收账款成本

应收账款的发生意味着企业有一部分资金被顾客占用,由此将发生一定的管理成本、坏账成本、机会成本。

1)管理成本

管理成本是指企业对应收账款进行管理所耗费的开支,是应收账款的重要组成部分。管理成本主要包括对客户的信用情况调查的费用、收集信息的费用、催收账款的费用、账簿的记录费用等。

2)坏账成本

应收账款基于商业信用而产生,存在无法收回的可能性,由此给企业带来的损失,即为坏账成本。坏账成本一般与应收账款同方向变动。为了规避坏账成本给企业生产经营活动的稳定性带来不利影响,企业应合理提取坏账准备。

$$坏账成本 = 年赊销额 \times 坏账损失率 \tag{4-9}$$

3)机会成本

机会成本是指将资金投资于应收账款而不能进行其他投资所丧失的投资效益。这一成本的大小通常与企业维持赊销业务所需要的资金数量、资金成本率有关。

应收账款机会成本计算步骤如下。

(1)计算应收账款周转率。

$$应收账款周转率 = \frac{日历天数}{应收账款周转天数} \tag{4-10}$$

(2)计算应收账款平均余额。

$$应收账款平均余额 = \frac{赊销收入}{应收账款周转率} \tag{4-11}$$

(3) 计算应收账款占用资金。

$$应收账款占用资金 = 应收账款平均余额 \times 变动成本率 \qquad (4-12)$$

(4) 计算应收账款机会成本。

$$应收账款机会成本 = 应收账款占用资金 \times 资金成本率 \qquad (4-13)$$

2. 信用政策

信用政策也称为应收账款政策,是使企业基于对客户资信情况的认定,而对客户给予先行发货而后收款的结算优惠。这种优惠实质是企业对客户的一种短期筹资。信用政策一般由信用标准和信用条件两部分组成。

1) 信用标准

信用标准是指客户获得企业商业信用所应具备的最低条件。通常以预期的坏账损失率来表示。制定合理的信用标准,既有利于降低违约风险和收账费用,也有利于企业扩大销售,提高市场竞争力和占有率。

2) 信用条件

信用条件是指企业接受客户信用交易时所提出的付款要求,包括信用期限、折扣期限和现金折扣。

(1) 信用期限。信用期限是指企业允许客户从购货到支付付款的最长时间间隔,它与企业产品销售量之间存在一定的依存关系。通常信用期期限延长,可以在一定程度上扩大销售量,从而增加毛利,但不适当地延长信用期限会引起企业机会成本的增加,以及坏账损失和收账费用的增加。

(2) 折扣期限。折扣期限是指为客户规定的、可享受现金折扣的付款时间。

(3) 现金折扣。现金折扣是指企业对在信用期限之前付款的客户在商品价格上所做的扣减。向客户提供这种价格上的优惠,主要目的是吸引顾客为享受现金折扣而提前付款,缩短企业的平均收账期。现金折扣通常采用"2/10,1/30,n/60"等来表示。该符号的含义是:客户在 10 天内付款,可以享受价款2%的现金折扣;客户在 30 天内付款,可以享受价款1%的现金折扣;在 60 天内必须付清款项而无现金折扣。

3) 收账政策

收账政策是指当客户违反信用条件、拖欠甚至拒付账款时,企业所采取的收账策略与措施。

一般而言,企业加强收账管理,及早收回货款,可以减少坏账损失,减少应收账款上的资金占用,但是会增加收账费用。因此,企业要在增加收账费用和减少坏账损失、机会成本之间进行权衡,全面考虑,制定出理想的信用政策。

确定最优信用政策的步骤如下。

(1) 确定信用成本前收益。

$$信用成本前收益 = 年赊销额 - 变动成本 \qquad (4-14)$$

(2) 计算变动成本。

$$变动成本 = 年赊销额 \times 变动成本率 \qquad (4-15)$$

(3) 确定方案的决策相关成本（信用成本）。

$$信用成本 = 坏账成本 + 机会成本 + 收账费用 \tag{4-16}$$

(4) 确定信用成本后收益。

$$信用成本后收益 = 信用成本前收益 - 信用成本 \tag{4-17}$$

比较信用成本后收益最高的方案为最优信用政策。

3. 应收账款日常管理

1) 应收账款追踪分析

应收账款一旦发生，赊销企业就要考虑如何按期足额收回的问题。要达到这个目的，赊销企业就有必要在收账之前，对该项应收账款的运行过程进行追踪分析。既然应收账款是存货变现过程的中间环节，对应收账款实施追踪分析的重点就应放在赊销商品的销售与变现方面。

2) 应收账款账龄分析

应收账款账龄分析就是考察应收账款的账龄结构。所谓账龄结构，是指各账龄应收账款的余额占应收账款总额的比重。通过分析，不仅能提示财务人员应把过期的款项视为工作的重点，而且有助于促进企业进一步研究与制定新的信用政策。

3) 应收账款收现保证率分析

应收账款收现保证率是为适应企业现金收支匹配关系的需要，所确定的有效收现的应收账款应占应收账款总计的百分比。

$$应收账款收现保证率 = \frac{当期必要现金支付总额 - 当期其他稳定可靠的现金流入总额}{当期应收账款总金额} \tag{4-18}$$

应收账款收现保证率反映了企业既定会计期间预期现金支付数量扣除各种可靠、稳定性来源后的差额后，必须通过应收账款有效收现予以弥补的最低保证程度。企业应定期计算应收账款实际收现率，看其是否达到了既定的控制标准，如果发现实际收现率低于应收账款收现保证率，应查明原因，确保企业有足够的现金满足同期必需的现金支付需求。

4) 应收账款坏账准备制度

不管企业采用怎样严格的信用政策，只要存在着商业信用行为，坏账损失的发生总是不可避免的。因此，企业要遵循稳健性原则，对坏账损失的可能性预先进行估计，积极建立弥补坏账损失的准备制度。

三、实训内容

（一）应收账款管理

1. 应收账款——信用期限决策

1) 情景资料

甲公司目前的销货条件为"n/30"，假设企业收账政策不变，固定成本总额不变，该公司准备了三个信用条件的备选方案：方案 A，维持 n/30 信用条件；方案 B，将信用条件放宽到 n/60；方案 C，将信用条件放宽到 n/90。为各种备选方案估计的赊销水平、坏账百分比和收账费用等有关数据见表 4-5。

表 4-5 信用条件备选方案 万元

项目	方案 A(n/30)	方案 B(n/60)	方案 C(n/90)
赊销额	5 000	5 400	6 000
变动成本率/%	60	60	60
资金成本率/%	8	8	8
坏账损失率/%	2	3	4
收账费用	20	30	80
应收账款周转期/天	45	60	90

2) 实训要求

(1) 比较方案 A、B、C 孰优孰劣。

(2) 用 Excel 计算上述结果。

3) 实训组织方式及步骤

实训主要在财务管理模拟实验室中进行。实验室需配备计算机,并装有 Excel 等软件。实验步骤如下。

(1) 填写信用条件备选方案表(见表 4-6)。

表 4-6 信用条件备选方案表 万元

项目	方案 A(n/30)	方案 B(n/60)	方案 C(n/90)
年赊销收入净额	5 000	5 400	6 000
应收账款周转率/次	8	6	4
应收账款平均余额	625	900	1 500
维持赊销业务占用资金	625×60%=375	900×60%=540	1 500×60%=900
坏账损失占赊销额/%	2	3	4
坏账损失	5 000×2%=100	5 400×3%=162	6 000×4%=240
收账费用	20	30	80

(2) 根据以上资料计算有关指标(见表 4-7)。

表 4-7 信用条件决策分析评价表 万元

项目	方案 A(n/30)	方案 B(n/60)	方案 C(n/90)
年赊销收入净额			
减:现金折扣			
变动成本			
信用成本前收益			
信用成本			
应收账款机会成本			

续表

项目	方案 A(n/30)	方案 B(n/60)	方案 C(n/90)
坏账损失			
收账费用			
小计			
信用成本后收益			

2. 应收账款——最佳信用政策决策

1）情景资料

甲公司 2021 年的财务状况如下。

（1）年赊销额为 9 000 万元。

（2）应收账款平均收账期为 30 天，坏账水平为 300 万元。

（3）企业要求的税前收益率为 15%。

（4）变动成本率为 60%。

（5）收账费用 80 万元。

经与专业人士沟通，公司决定改变现有赊销策略，将目前的赊销条件改为"1/30，n/60"，赊销条件改变后预计将有如下变化。

（1）有 50% 的客户会在第 30 天内付款，相应享受 1% 的现金折扣，而另 50% 的客户会在 60 天付款，相应放弃折扣。

（2）应收账款平均收账期由 30 天增加到 45 天。

（3）赊销额会增加 1 000 万元，尽管新客户会带来新的利润，但同时也会带来更多的坏账，坏账比例上升为 8%。

（4）收账费用 150 万元。

2）实训要求

（1）该公司改变信用政策，其目的是什么？最终又给企业带来了什么？

（2）该公司采用新的信用政策带来的收益和成本分别是多少？请问哪种备选方案为较好的决策？

（3）该公司可以考虑采用哪些方式来改变赊销策略？

（4）若该公司公司仍嫌其信用标准较紧，拟再次改变赊销策略，采用较为宽松的赊销政策，即将赊销条件变更为"2/30，1/60"。则预计：

① 有 60% 的客户会在第 30 天付款，20% 的客户会在第 60 天付款，而另外 20% 客户则放弃现金折扣，在第 90 天付款。

② 赊销额增加了 2 000 万元，坏账比例为 12%。

③ 收账费用 300 万元。

请问：再次改变赊销策略是否可行？为什么？

3）实训组织方式及步骤

实训主要在财务管理模拟实验室中进行。实验室需配备计算机，并装有 Excel 等软件。实验步骤如下。

(1) 计算应收账款周转期。
(2) 计算应收账款周转率。
(3) 填写信用条件备选方案表 (见表 4-8)。

表 4-8 信用条件备选方案表　　　　　　　　　　万元

项目	方案 A(n/30)	方案 B(1/30, n/60)	方案 C(2/30, 1/60)
年赊销收入净额	9 000	10 000	12 000
应收账款周转率/次	12	8	7.5
应收账款平均余额	750	1 250	1 600
维持赊销业务占用资金	750×60%=450	1 250×60%=750	1 600×60%=960
坏账损失占赊销额/%	—	8	12
坏账损失	300	10 000×8%=800	12 000×12%=1 440
收账费用	80	150	300

(4) 根据以上资料计算有关指标 (见表 4-9)。

表 4-9 信用条件决策分析评价表　　　　　　　　万元

项目	方案 A(n/30)	方案 B(1/30, n/60)	方案 C(2/30, 1/60)
年赊销收入净额	9 000	10 000	12 000
减：现金折扣	0	50	168
变动成本	5 400	6 000	7 200
信用成本前收益	3 600	3 950	4 632
信用成本			
应收账款机会成本	67.5	112.5	144
坏账损失	300	800	1 440
收账费用	80	150	300
小计	447.5	1 062.5	1 884
信用成本后收益	3 152.5	2 887.5	2 748

模块三　存货管理实训

一、实训目的

通过对存货管理模块的实训,掌握存货的经济订货批量决策分析方法。

二、理论知识点

存货是企业在日常生产经营过程中为生产或销售而储备的各种物资,包括在产品、半成品、原材料、燃料、低值易耗品、包装物等。

存货管理的目标是使企业保持科学合理的存货水平,尽力在各种存货成本与存货收益之间作出权衡。

(一)存货成本

存货成本主要有订货成本、购置成本、储存成本、缺货成本。

1. 订货成本

订货成本是指取得订单的成本,包括差旅费、邮费、电话电报费、办公费等。订货成本可分为两部分:为了维持一定的采购能力而发生的、各期金额比较稳定的成本,称为固定订货成本,通常属于无关成本;随订货次数的变动而正比例变动的成本,称为变动订货成本,通常属于相关成本。

2. 购置成本

购置成本是指存货的买价,取决于存货数量和单位价格,可视为固定成本,属于与决策无关的成本,因此所建立的存货模型对其不予考虑;为扩大销售而采用数量折扣等优惠方法时,购置成本就成为与决策相关的成本了。

3. 储存成本

储存成本是指企业为保存存货而发生的成本,包括支付给储运部门的仓储费、存货占用资本应计的利息等。储存成本也可分为两部分:总额稳定,与储存存货数量和储存时间无关的成本,称为固定储存成本,通常属于无关成本;总额大小取决于存货数量和储存时间的成本,称为变动储存成本,通常属于相关成本。

4. 缺货成本

缺货成本是指由于存货供应中断而造成的损失,包括停工待料损失、商品不足损失等。

（二）存货的控制方法

1. 经济订货批量基本模型

经济订货批量，简称经济批量，是指能使一定时期存货的总成本达到最低点的进货数量。决定经济订货批量的成本因素主要有存货成本中的变动性订货成本、变动性储存成本以及允许缺货时的存货短缺成本。

由于基本经济订货批量模型不存在缺货成本，所以存货总成本计算公式如下：

$$存货相关总成本 = 变动性订货成本 + 变动性储存成本$$

$$= \frac{某一时期内存货需求总量}{每次进货批量} \times 每次订货成本 + \frac{每次进货批量}{2} \times 某一时期内单位存货储存成本 \quad (4-19)$$

当相关的订货成本与相关的储存成本相等时，存货相关总成本最低，此时的订货批量就是经济订货批量，即：

$$经济订货批量 = \sqrt{\frac{2 \times 某一时期内存货总需求量 \times 每次订货成本}{某一时期内单位储存成本}} \quad (4-20)$$

2. 有数量折扣的经济订货批量模型

（1）按照经济订货批量模型确定经济订货批量。

计算按经济订货批量订货时的存货总成本。

$$存货总成本 = 订货成本 + 储存成本 + 采购成本$$

$$= \frac{某一时期内存货需求总量}{经济订货批量} \times 每次订货成本 + \frac{经济订货批量}{2} \times 某一时期内单位存货储存成本 + 某一时期内存货总需求量 \times 单位采购成本 \quad (4-21)$$

（2）计算按数量折扣的订货批量订货时的存货总成本。

$$存货总成本 = 年订货成本 + 年储存成本 + 年采购成本$$

$$= \frac{某一时期内存货需求总量}{有数量折扣的订货批量} \times 每次订货成本 + \frac{有数量折扣的订货批量}{2} \times 某一时期内单位存货储存成本 + 某一时期内存货总需求量 \times 单位采购成本 \times (1-折扣率) \quad (4-22)$$

（3）比较不同订货批量的存货总成本，最低存货总成本对应的订货数量，就是有数量折扣的最佳经济订货批量。

三、实训内容

（一）存货管理——基本模型

1. 情景资料

甲公司是一家以经营各类家用电器为主的全国性家电零售连锁企业。2020年6月正是空调订货销售时机,采购员从海尔公司获悉,空调的平均采购价格为 3 000 元,每次的订货费用为 2 000 元,每台空调的储存成本主要是存货占用资金的利息,估计为购货单价的 10%。近几年每年的海尔空调销售量接近 6 000 台。

2. 实训要求

(1) 如果你是公司财务经理,请为公司作出决策,最佳经济订货批量为多少?应分几批进货?

(2) 如果每台冰箱的每年储存成本为 500 元,则最佳经济订货批量为多少?

(3) 如果每次订货费用为 1 600 元,则最佳经济订货批量为多少?

(4) 利用 Excel 建立财务函数。

3. 实训组织方式及步骤

实训主要在财务管理模拟实验室中进行。实验室需配备计算机,并装有 Excel 等软件。实训步骤如下。

(1) 计算最佳经济订货批量。

(2) 计算储存成本改变后最佳经济订货批量。

(3) 计算订货费用改变后最佳经济订货批量。

(4) 利用 Excel 计算最佳经济订货批量(见表 4-10 和表 4-11)。

表 4-10 最佳经济订货批量计算过程演示表   元

序号	A	B	C	D
		方案一	方案二	方案三
1	项目			
2	每次订货成本	2 000	2 000	1 800
3	单位储存成本	250	500	250
4	全年需求量/台	6 000	6 000	6 000
5	最佳经济订货批量/台	=SQRT(2*B2*B4/B3)	=SQRT(2*C2*C4/C53)	=SQRT(2*D2*D4/D3)

表 4-11 最佳经济订货批量计算结果   元

序号	A	B	C	D
1	项目	方案一	方案二	方案三
2	每次订货成本	2 000	2 000	1 800
3	单位储存成本	250	500	250
4	全年需求量/台	6 000	6 000	6 000
5	最佳经济订货批量/台	309.838 7	219.089 0	293.938 8

(二) 存货经济订货批量——数量折扣模型

1. 情景资料

甲公司是一家计算机公司,其使用的计算机芯片是从英特尔公司引进的,芯片的平均采购价格约为 3 000 元/组,若一次订购 2 500 组,还可以得到 2%的价格优惠。

甲公司近几年的芯片需求量约有 10 000 组,每次订货费用平均需要 2 000 元,平均每组芯片的年储存成本为 10 元。

2. 实训要求

（1）请问应以多大批量订货成本最低？
（2）若商业折扣为 4%，应以多大批量订货？
（3）若每次采购费用为 3 000 元，每组芯片的储存成本为 20 元，则应以多大批量订货？

3. 实训组织方式及步骤

实训主要在财务管理模拟实验室中进行。实验室需配备计算机，并装有 Excel 等软件。实训步骤如下。

（1）按照经济订货批量模型确定经济订货批量。
（2）计算按经济订货批量订货时的存货总成本。

$$存货总成本=年订货成本+年储存成本+年采购成本$$

$$=\frac{某一时期内存货需求总量}{经济订货批量}\times 每次订货成本+$$

$$\frac{经济订货批量}{2}\times 某一时期内单位存货储存成本+$$

$$某一时期内存货总需求量\times 单位采购成本 \qquad (4-23)$$

（3）计算按数量折扣的订货批量订货时的存货总成本。

$$存货总成本=年订货成本+年储存成本+年采购成本$$

$$=\frac{某一时期内存货需求总量}{有数量折扣的订货批量}\times 每次订货成本+$$

$$\frac{有数量折扣的订货批量}{2}\times 某一时期内单位存货储存成本+$$

$$某一时期内存货总需求量\times 单位采购成本\times (1-折扣率) \qquad (4-24)$$

（4）比较不同订货批量的存货总成本，最低存货总成本对应的订货数量就是有数量折扣的最佳经济订货批量（见表 4-12 和表 4-13）。

表 4-12 存在数量折扣的存货订货批量计算过程演示表　　　　　　　　　　　　　　　　　　　元

序号	A	B	C
1		已知数据	
2	全年需求量/台	10 000	
3	单位采购成本	3 000	
4	每单位年储存成本	10	
5	平均每次进货费用	2 000	
6	计算结果	无折扣	2%折扣（进货批量大于 2 500）
7	总成本最低的最佳经济订货批量/台	=SQRT(2*B5*B2/B4)	2 500
8	存货总成本	=B2*B3+B2/B7*B5+B7/2*B4	=B2*B3*(1-2%)+B2/C7*B5+C7/2*B4

表 4-13　存在数量折扣的存货订货批量计算结果　　　　　　　　　　元

序号	A	B	C
1	已知数据		
2	全年需求量/台	10 000	
3	单位采购成本	3 000	
4	每单位年储存成本	10	
5	平均每次进货费用	2 000	
6	计算结果	无折扣	2%折扣 （进货批量大于 2 500）
7	总成本最低的最佳经济订货批量/台	2 000	2 500
8	存货总成本	30 020 000	29 420 500

模块四　流动负债管理实训

一、实训目的

通过对流动负债管理模块的实训,掌握不同筹资方式的筹资成本的计算方法。

二、理论知识点

流动负债主要有三种主要来源:短期借款、商业信用和应付账项(包括应付账款和预收账款),各种来源具有不同的获取速度、灵活性、成本和风险。

(一)短期借款

企业的借款通常按其流动性或偿还时间的长短,划分为短期借款和长期借款。短期借款是指企业向银行或其他金融机构借入的期限在1年以内(含1年)的各种借款。

目前我国短期借款按照目的和用途分为生产周转借款、临时借款、结算借款、票据贴现借款等。按照国际惯例,短期借款往往按偿还方式不同分为一次性偿还借款和分期偿还借款;按利息支付方式不同分为收款法借款、贴现法借款和加息法借款;按有无担保分为抵押借款和信用借款。短期借款可以随企业的需要安排,便于灵活使用;但其突出的缺点是短期内要归还,且可能会附带很多附加条件。

1. 短期借款的信用条件

银行等金融机构对企业贷款时,通常会附带一定的信用条件。短期借款所附带的一些信用条件主要有以下几种。

1)信贷额度

信贷额度即贷款限额,是借款企业与银行在协议中规定的借款最高限额,信贷额度的有限期限通常为1年。一般情况下,在信贷额度内,企业可以随时按需要使用借款。但是,银行并不承担必须支付全部信贷数额的义务。如果企业信誉恶化,即使在信贷限额内,企业也可能得不到借款。此时,银行不会承担法律责任。

2)周转信贷协定

周转信贷协定是指银行具有法律义务地承诺提供不超过某一最高限额的贷款协定。在协定的有效期内,只要企业借款总额未超过最高限额,银行必须满足企业任何时候提出的借款要求。企业享用周转信贷协定,通常要对贷款限额的未使用部分付给银行一笔承诺费用。

周转信贷协定的有效期常超过1年,但实际上贷款每几个月发放一次,所以这种信贷具有短期借款和长期借款的双重特点。

3)补偿性余额

补偿性余额是银行要求借款企业在银行中保持按贷款限额或实际借用额一定比例(通常为10%~20%)计算的最低存款余额。对于银行来说,补偿性余额有助于降低贷款风险,补偿其可能遭受的风险；对于借款企业来说，补偿性余额则提高了借款的实际利率，加重了企业负担。

4）借款抵押

为了降低风险，银行发放贷款时往往需要有抵押品担保。短期借款的抵押品主要有应收账款、存货、应收票据、债券等。银行将根据抵押品面值的30%～90%发放贷款，具体比例取决于抵押品的变现能力和银行对风险的态度。

5）偿还条件

贷款的偿还有到期一次偿还和在贷款期内定期（每月、季）等额偿还两种方式。一般来讲，企业不希望采用后一种偿还方式，因为这会提高借款的实际年利率；而银行不希望采用前一种偿还方式，因为这会加重企业的财务负担，增加企业的拒付风险，同时会降低实际贷款利率。

6）其他承诺

银行有时还要求企业为取得贷款而作出其他承诺，如及时提供财务报表、保持适当的财务水平（如特定的流动比率）等。如企业违背所作出的承诺，银行可要求企业立即偿还全部贷款。

2. 短期借款的成本

短期借款成本主要包括利息、手续费等。短期借款成本的高低主要取决于贷款利率的高低和利息的支付方式。短期借款利息的支付方式有收款法、贴现法和加息法三种，付息方式不同，短期借款成本计算也有所不同。

1）收款法

收款法是在借款到期时向银行支付利息的方法。银行向企业贷款一般都采用这种方法收取利息。采用收款法时，短期贷款的实际利率就是名义利率。

2）贴现法

贴现法又称折价法，是指银行向企业发放贷款时，先从本金中扣除利息部分，到期时借款企业偿还全部贷款本金的一种利息支付方法。在这种利息支付方式下，企业可以利用的贷款只是本金减去利息部分后的差额，因此，贷款的实际利率要高于名义利率。

3）加息法

加息法是银行发放分期等额偿还贷款时采用的利息收取方法。在分期等额偿还贷款情况下，银行将根据名义利率计算的利息加到贷款本金上，计算出贷款的本息和，要求企业在贷款期内分期偿还本息之和的金额。由于贷款本金分期均衡偿还，借款企业实际上只平均使用了贷款本金的一半，却支付了全额利息，由此企业所负担的实际利率要高于名义利率1倍左右。

（二）商业信用

商业信用是指企业在商品或劳务交易中，以延期付款或预收货款方式进行购销活动而形成的借贷关系，是企业之间的直接信用行为，也是企业短期资金的重要来源。商业信用产生于企业生产经营的商品、劳务交易之中，是一种"自动性筹资"。商业信用占短期筹资很大比重，主要是应付账款、应付票据、预收货款。

1. 应付账款

应付账款是供应商给企业提供的一种商业信用。由于购买者往往在到货一段时间后才付款，商业信用就成为企业短期资金的来源。如企业规定对所有账单均见票后若干日付款，商业信用就成为随生产周转而变化的一项内在的资金来源。当企业扩大生产规模，其进货和应付账款相应增长，商业信用就提供了增产需要的部分资金。

商业信用条件常包括以下两种。第一，有信用期，但无现金折扣。如"n/30"表示30天内按发票金额全数支付。第二，有信用期和现金折扣，如"2/10，n/30"表示10天内付款享受现金折扣2%；若买方放弃折扣，30天内必须付清款项。供应商在信用条件中规定有现金折扣，目的主要在于加速资金回收。企业在决定是否享受现金折扣时，应仔细考虑。通常，放弃现金折扣的成本是高昂的。

1）放弃现金折扣的信用成本

倘若买方企业购买货物后在卖方规定的折扣期内付款，可以获得免费信用，此时企业没有因为取得延期付款信用而付出代价。例如，某应付账款规定付款信用条件为"2/10，n/30"，是指买方在10天内付款，可获得2%的付款折扣；若在10～30天内付款，则无折扣；买方付款期限最长为30天。

放弃现金折扣的信用成本为：

$$放弃折扣的信用成本率 = \frac{折扣率\%}{1-折扣\%} \times \frac{360 天}{付款期（信用期）-折扣期} \qquad (4-25)$$

公式表明，放弃现金折扣的信用成本率与折扣百分比大小、折扣期长短和付款期长短有关，与货款额和折扣额没有关系。如果企业在放弃折扣的情况下，推迟付款的时间越长，其信用成本便会越小，但展期信用的结果是企业信誉恶化导致信用度的严重下降，日后可能招致更加苛刻的信用条件。

2）放弃现金折扣的信用决策

企业放弃应付账款现金折扣的原因，可能是企业资金暂时的缺乏，也可能是基于将应付的账款用于临时性短期投资，以获得更高的投资收益。如果企业将应付账款额用于短期投资，所获得的投资报酬率高于放弃折扣的信用成本率，则应当放弃现金折扣。

2. 应付票据

应付票据是指企业在商品购销活动和对工程价款进行结算中，因采用商业汇票结算方式而产生的商业信用。商业汇票是指由付款人或存款人（或承兑申请人）签发，由承兑人承兑，并于到期日向收款人或被背书人支付款项的一种票据，它包括商业承兑汇票和银行承兑汇票。

应付票据的承兑期限由交易双方商定，一般不超过6个月。应付票据可以带息，也可以不带息。带息应付票据利率通常低于其他筹资方式的利率，且不用保持相应的补偿性余额，也不用支付各种手续费等。

企业需要资金时，可持未到期的商业承兑汇票或银行承兑汇票向其开户银行申请贴现。贴现银行需要资本时，可持未到期的汇票向其他银行转贴现。贴现和转贴现的期限一律从其贴现之日起到汇票到期日止。实际支付贴现金额按票面金额扣除贴现息后计算。

票据贴现实际上是持票人把未到期的汇票转让给银行,贴付一定利息以取得银行借款的行为。因此,它是商业信用发展的产物,实为一种银行信用。应付票据贴现息及应付贴现票款的计算方法如下:

$$贴现息 = 汇票金额 \times 贴现天数 \times 月折现率 / 30 天 \qquad (4-26)$$
$$应付贴现票款 = 汇票金额 - 贴现息 \qquad (4-27)$$

3. 预收货款

预收货款,是指销货单位按照合同和协议规定,在发出货物之前向购货单位预先收取部分或全部货款的信用行为。购买单位对紧俏商品往往乐于采用这种方式购货;销货方对生产周期长、造价较高的商品,往往采用预收货款方式销货,以缓和本企业资金占用过多的矛盾。

在非商品交易的生产经营活动中,企业还会形成其他的应付费用自发性筹资,如应付水电费、应付职工薪酬、应交税费、应付利息等。这些项目的发生受益在先,支付在后,支付期晚于发生期,在一定程度上满足了企业的资金需求,但其支付期限通常有强制性的规定,对于企业来说,弹性很小。

4. 商业信用筹资的优缺点

1) 商业信用筹资的优点

首先,商业信用容易获得。商业信用的载体是商品购销行为,企业总有一批既有供需关系又有相互信用基础的客户,所以对于大多数企业而言,应付账款和预收账款是自然的、持续的信贷形式。商业信用的提供方一般不会对企业的经营状况和风险作严格的考量,企业无须办理像银行借款那样复杂的手续便可取得商业信用,有利于应对企业生产经营之急需。

其次,企业有较大的机动权。企业能够根据需要,选择决定筹资的金额大小和期限长短,同样要比银行借款等其他方式灵活得多。甚至如果在期限内不能付款或交货时,一般还可以通过与客户的协商,请求延长时限。

最后,企业一般不用提供担保。通常,商业信用筹资不需要第三方担保,也不会要求筹资企业用资产进行抵押。这样,在出现逾期付款或交货的情况时,可以避免像银行借款那样面临抵押资产被处置的风险,企业的生产经营能力在相当长的一段时间内不会受到限制。

2) 商业信用筹资的缺点

首先,商业信用筹资成本高。在附有现金折扣条件的应付账款融资方式下,其筹资成本与银行信用相比较高。

其次,容易恶化企业的信用水平。商业信用的期限短,还款压力大,对企业现金流量管理的要求很高。如果长期和经常性地拖欠账款,会造成企业的信誉恶化。

最后,受外部环境影响较大。商业信用筹资受外部环境影响较大,稳定性较差,即使不考虑机会成本,也是不能无限利用的。一是受商品市场的影响,如当求大于供时,卖方可能停止提供信用;二是受资金市场的影响,当市场资金供应紧张或有更好的投资方向时,商业信用筹资就可能遇到障碍。

三、实训内容

（一）商业信用

1. 情景资料

甲公司购买材料，其付款条件为"2/15，n/30"。该公司记录表明：一般在收到货物后20天支付款项。当经理询问公司为什么不取得现金折扣时，会计回答，占用这一资本的成本仅为2%，而银行贷款成本却为15%。每年按360天计算。

2. 实训要求

（1）计算当前的应付账款资本成本。
（2）计算放弃现金折扣的实际成本。
（3）如短期银行借款利率为15%，请作出正确决策。

3. 实训组织方式及步骤

本实训安排在相关理论知识讲授完之后进行。在实训指导教师的指导下，由学生本人独立完成。学生以班级为单位统一到财务管理模拟实验室进行实训，实验室需配备计算机，并装有Excel软件。实训前要求学生对相关知识进行复习。实训的具体步骤如下。

（1）利用公式在Excel中计算应付账款的资本成本。

设计Excel表（见表4-14和表4-15）。

表4-14　应付账款资本成本计算表

序号	A	B
1	应付账款资本成本/%	=B2/(1-B2)*360/(B3-B4)
2	折扣率/%	
3	信用期限/天	
4	折扣期限/天	

表4-15　应付账款资本成本计算结果

序号	A	B
1	应付账款资本成本/%	(48.98%)
2	折扣率/%	2%
3	信用期限/天	30
4	折扣期限/天	15

（2）将计算的结果与15%比较：如果大于15%，则应在折扣期末偿还应付账款；反之则相反。

(二) 银行借款

1. 短期借款 (一)

1) 情景资料

公司拟采购一批材料,供应商规定的付款条件为"2/15,1/25,n/30"。每年按360天计算。

2) 实训要求

(1) 假设银行短期贷款利率为15%,计算放弃现金折扣的成本,并确定对该公司最有利的付款日期。

(2) 假设目前有一短期投资,报酬率为50%,确定对该公司最有利的付款日期。

3) 实训组织方式及步骤

本实训安排在相关理论知识讲授完之后进行。在实训指导教师的指导下,由学生本人独立完成。学生以班级为单位统一到财务管理模拟实验室进行实训,实训主要在财务管理模拟实验室中进行。实验室需配备计算机,并装有 Excel 等软件。实训前要求学生对相关知识进行复习。实训的具体步骤如下。

(1) 利用表4-14计算放弃现金折扣的成本。现金折扣成本大于15%,因此应在15日内偿还应付账款。

(2) 如现金折扣成本低于50%,则应在第30日偿还应付账款(应付账款资本成本计算结果见表4-16、表4-17)。

表 4-16　应付账款资本成本计算表

序号	A	B
1	应付账款资本成本	(48.98%)
2	折扣率	2%
3	信用期限	30
4	折扣期限	15

表 4-17　应付账款资本成本计算结果

序号	A	B
1	应付账款资本成本	(72.73%)
2	折扣率	1%
3	信用期限	30
4	折扣期限	25

2. 短期借款 (二)

1) 情景资料

公司与银行有一份6 000 000元的贷款协定,作为可信赖的客户,其贷款利率为银行资本成本(即可转让定期存单利率)加上2%。另外,该贷款限额中未使用部分收取4‰的承诺费。

2）实训要求

（1）如果明年未来可转让定期存单利率预期为10%，且公司预期平均使用总承诺限额的50%，计算这项贷款的年预期成本。

（2）如果同时考虑利息率与支付的承诺费，计算实际的成本率。

（3）如果平均仅使用总承诺限额的20%，计算成本率。

3）实训组织方式及步骤

本实训安排在相关理论知识讲授完之后进行。在实训指导教师的指导下，由学生本人独立完成。学生以班级为单位统一到财务管理模拟实验室进行实训，实验室需配备计算机，并装有Excel软件。实训前要求学生对相关知识进行复习。实训的具体步骤如下。

设计Excel表（见表4-18和表4-19）。

表4-18 贷款实际成本计算表

序号	A	B
1	贷款的实际成本/%	=(B3*B4+B5*(B2-B3))/B3
2	贷款限额/元	
3	已使用贷款/元	
4	贷款利率/%	
5	未使用限额的承诺费率/%	

表4-19 贷款实际成本计算结果

序号	A	B
1	贷款的实际成本/%	(12.40%)
2	贷款限额/元	6 000 000
3	已使用贷款/元	3 000 000
4	贷款利率/%	12%
5	未使用限额的承诺费率/%	0.4%

3. 短期借款（三）

1）情景资料

企业从银行借款5万元，期限为1年，名义利率为15%，按照贴现法付息。

2）实训要求

计算企业该项贷款的实际利率。

3）实训组织方式及步骤

本实训安排在相关理论知识讲授完之后进行。在实训指导教师的指导下，由学生本人独立完成。学生以班级为单位统一到财务管理模拟实验室进行实训，实训主要在财务管理模拟实验室中进行。实验室需配备计算机，并装有Excel等软件。实训前要求学生对相关知识进行复习。实训的具体步骤如下。

(1) 设计 Excel 表（见表 4-20）。

表 4-20 贴现付息贷款实际利率计算表

序号	A	B
1	贴现付息贷款实际利率/%	=B2*B3/(B2-B2*B3)
2	贷款额/万元	
3	名义利率/%	

(2) 利用公式计算出结果（见表 4-21）。

表 4-21 贴现付息贷款实际利率计算结果

序号	A	B
1	贴现付息贷款实际利率/%	(17.65%)
2	贷款额/万元	5
3	名义利率/%	15%

4. 短期借款

1）实训条件

(1) 企业因生产经营的需要，通过银行举债筹资 800 万元，银行要求贷款的 25% 作为补偿性余额，假设贷款年利率（名义利率）为 15%，借款期限为 1 年。

(2) 实训在财务管理模拟实验室中进行。实验室配备计算机，装有 Excel 软件。

2）实训要求

(1) 计算企业贷款的实际利率。

(2) 计算企业应贷款的数额。

3）实训组织方式及步骤

本实训安排在相关理论知识讲授完之后进行。在实训指导教师的指导下，由学生本人独立完成。学生以班级为单位统一到财务管理模拟实验室进行实训，实验室需配备计算机，并装有 Excel 等软件。实训前要求学生对相关知识进行复习。实训的具体步骤如下。

(1) 设计 Excel 表（见表 4-22）。

表 4-22 贷款的实际成本计算表

序号	A	B
1	贷款的实际成本/%	=B2*B4/(B2-B2*B3)
2	贷款总额/万元	
3	补偿性余额比例/%	
4	名义利率/%	

（2）利用公式计算出结果（见表4-23）。

表4-23 贷款的实际成本计算结果

序号	A	B
1	贷款的实际成本/%	（20%）
2	贷款总额/万元	800
3	补偿性余额比例/%	25%
4	名义利率/%	15%

巩固练习

1. 某公司拟采购一批零件，价值50 000元，供应商规定的付款条件为"1/20，n/50"，要求回答以下互不相关的问题。

（1）假设银行短期贷款年利率为10%，计算放弃现金折扣的成本，并确定对该公司最有利的付款日期和价格。

（2）假设目前有一短期投资，年均收益率为20%，确定对该公司最有利的付款日期和价格。

2. 某企业一年内某种材料的需要量为3 600件，每次进货成本为250元，单位储存成本为20元，每件材料的单价为1 000元，且每次订货均一次到齐，在订货间隔期均匀使用。一年按360天计算。要求：

（1）计算经济订货批量；

（2）计算最佳进货次数、最佳订货周期；

（3）计算存货相关总成本。

3. 某企业预测2022年度销售收入为5 400万元，现销与赊销比例为4∶1，应收账款平均收账天数为40天，变动成本率为60%，企业的资金成本率为10%。一年按360天计算。

要求：

（1）计算2022年度赊销额；

（2）计算2022年度应收账款的平均余额；

（3）计算2022年度维持赊销业务所需要的资金额；

（4）计算2022年度应收账款的机会成本额；

（5）若2022年度应收账款平均余额需要控制在60万元，在其他因素不变的条件下，应收账款平均收账天数应调整为多少天？

4. 某企业计划生产A、B两种产品，耗用甲材料的单耗分别为10千克和20千克，产量分别为1 000件和500件，甲材料的计划单价为10元，每次采购费用为1 600元，单位材料的年保管费为其价值的40%。

试计算：甲材料的经济订货批量，如果每次进货5 000千克有2%折扣，应如何选择订货批量？

5. 某企业年现金需要量为100 000元，有价证券的年利率为10%。每次现金的转换成本是18元。一年按360天计算。假设按照存货模式分析。

要求：
（1）计算现金管理相关总成本；
（2）计算最佳现金持有量；
（3）计算最佳有价证券交易次数、最佳有价证券交易间隔期。

6. 福通公司拟采购一批商品，价格为 10 000 元，供应商报价如下。

第一种报价：30 天内付款，价格为 9 750 元。

第二种报价：31～60 天付款，价格为 9 870 元。

第三种报价：61～90 天付款，价格为 10 000 元。

问题：

如果你是公司的财务经理，请替采购经理确定对该公司最有利的购货日期和方式。

7. 永安公司准备向银行借入短期借款 10 000 元，同银行协商后，支付银行贷款利息的方式如下。

方案一：采用收款法付息，利率为 14%；

方案二：采用贴现法付息，利率为 12%；

方案三：利率为 10%，银行要求的补偿性余额比率为 20%。

问题：

如果你是该公司的财务经理，你会选择哪种借款方式？并说明理由。

8. 某公司现采用 30 天付款的信用政策，公司财务主管拟将信用期限放款到 60 天。仍按发票金额付款不给予折扣。假设类似的风险投资的最低报酬率为 15%，其他有关资料如表 4-24 所示。请结合两种信用政策的边际贡献、机会成本、信用成本，为公司进行决策。

表 4-24　应收账款信用条件

项目	信用期 30 天	信用期 60 天
销售量/万件	2 000	2 400
单价/（元/件）	50	50
变动成本/（元/件）	40	40
固定成本/万元	10 000	10 000
收账费用/万元	600	800
坏账损失/万元	1 000	1 800
平均收现期/天	30	60

第五部分　利润分配管理实训

模块一 股利政策实训

一、实训目的

通过对股利分配模块的实训,掌握股利政策的决定因素和实务中的基本做法。

二、理论知识点

(一)股利政策的内容和目标

股利分配是指公司向其股东分派红利。无论投资者是将其资金直接投入公司,或者是从原股东手中转购入公司股份,其目的之一都是为了获取公司的股权,从而期望在公司未来进行股利分配时获得一定的投资回报。因此,公司的股利分配是公司处理其与股东之间财务关系的一个重要事项。另外,公司为了保持未来发展与盈利,需要不断地有资金投入原有业务或新的领域,这些资金的来源之一,就是公司现在获得的或以前积累的未分配给股东的盈余(称之为保留盈余),这样,公司的股利分配势必又影响到公司的筹资决策。在盈利一定的情况下,到底将其中的多大部分分配给股东,多大部分留在公司用于继续投资,这一问题就是公司股利政策的核心。所谓股利政策,是指关于公司是否发放股利、发放多少股利以及何时发放股利等方面的方针和策略。具体地说,股利政策除了上面所述的分配比例决策之外,还包括以下一些具体的操作决策:第一,股利支付具体方式的确定;第二,股利发放程序的策划,如发放频率、股利宣布日、登记日、除息日和发放日的确定等。

实际上,公司股利政策的制定受到公司内外多种因素的影响,选择什么样的股利政策,如确定多大的股利支付率、设计何种形式的股利支付方式、何时发放股利等问题,都是十分重要的财务问题。如前所述,股利政策既涉及公司对股东的吸引力,又涉及公司的筹资决策,这使得公司在股利问题上存在着两难选择:如果公司分配的股利很多,势必会使公司股价在证券市场上扬,能够吸引潜在的投资者,但这样也势必会减少公司的留存收益,加重公司财务负担和货币资金周转的压力;若公司分配的股利较少,就会出现与之相反的结果。因此,股利政策只可能是公司股票在市场上的吸引力与公司财务负担之间的一种均衡,具体地讲,就是探寻股利与留存收益之间的比例关系并设计出可行的股利支付办法。

通常,一套良好的公司股利政策应当能够实现以下政策目标。

1. 保证公司长期发展的需要,实现公司价值最大化

如前所述,股利政策实质上就是确定一个最恰当的股利支付与留存收益之间的比例,它既是公司权益分配决策,又是资金筹措方面的重要决策之一。因而,股利政策的基本目标之一,就是要在股利分配时考虑公司资金筹集的需要,为增强公司未来发展后劲、扩大公司再生产和实现多角化经营提供足够的资金,以促进公司长期稳定发展,实现公司价值最大化这一终极目标。

2. 保障股东权益，平衡公司与股东以及股东与股东之间的利益关系

股东投资于公司的基本目标之一就是获取稳定的股利分配，为了迎合、保证股东投资目的的实现，公司股利政策必须保证以高效益回报投资者，提高股东的投资报酬率，以建立公司与股东之间良好的财务关系。此外，现代公司的一大特点就是股权的分散性和股东的复杂性，按其与公司紧密关系的程度不同，股东可分为控股股东、关联股东和零星股东，他们对公司股利分配的要求有所不同。前两者可能更侧重于公司的长远发展，而后者则更倾向于近期收益。因此，公司的股利政策必须尽量兼顾各方利益要求，尤其是要注意不能仅关注于满足控股股东和关联股东，而使零星股东产生不满，这样很容易迫使后者"用脚投票"，使公司股价下跌，影响公司在资本市场上的形象。

3. 稳定股票价格，维持良好的市场形象

一般而言，公司股票在市场上的股价过高或过低都不利于公司的正常经营和稳定发展。股价过低必然影响公司形象，不利于日后增资扩股，严重的甚至会引来敌意收购或兼并；股价过高，则会影响股票的流动性，并给公司未来股利分配造成较大的压力；股价时高时低，波动剧烈，则将动摇投资者的信心，也使公司股票成为投机者的投资对象，给公司增加不必要的风险。所以，保证股价稳定也是股利分配政策的目标之一。

（二）股利政策的基本理论

作为公司财务管理政策的一部分，股利政策的确定也应当在公司财务管理目标的统一指导之下。长期以来，人们一直在探讨股利政策对公司股价或公司价值有无影响的问题，这就形成了股利政策的基本理论。在理论界和实务界，主要流行着两种股利政策理论：股利无关论和股利相关论。

1. 股利无关论

股利无关论认为股利分配对公司的市场价值（或股票价格）不会产生影响。它是著名 MM 理论①的一部分。MM 理论认为，在有效的证券市场上，公司的资本结构与股利政策，不影响公司的证券价值与资产价值。MM 理论得到西方学术界的认可，大多数财务学者认为它是财务管理理论中最重要的贡献，奠定了现代公司财务理论的基础。

股利无关论建立在以下假设基础上：
① 没有个人所得税与公司所得税，资本利得与股利之间没有所得税差异；
② 资本市场是完美无缺的，股票发行与交易都不必缴纳交易费用；
③ 公司的投资政策与其股利政策是彼此独立的；
④ 投资者与管理者之间不存在信息不对称；
⑤ 公司的未来利润已知（此假设后来被删除）。
在上述假设基础上，股利无关论的结论如下。

---

① 美国著名财务学家米勒（Miller）和莫迪格莱尼（Modigliani）在他们的著名论文《股利政策、增长与股票价格》中提出的理论。

(1) 投资者不会关心公司的股利政策，公司的股利政策不会对公司的资产价值产生影响，公司的价值完全由其投资的获利能力所决定。

(2) 公司的股票价格与股利政策无关。公司的盈余在股利和保留盈余之间的分配并不影响公司的股票价格。

(3) 当公司保留较多盈余用于投资且有好的投资效益时，公司股票将会上涨，这时，股东可以通过出售所持股票取得资本收益。若公司发放较多的股利，投资者又可以用现金再买入一些股票以扩大投资。也就是说，投资者对股利和资本利得并无偏好。

(4) 当有较好的投资机会，而又支付较高的现金股利时，公司可通过发行新股等方式筹集资金。

因此，如果公司投资方案的预期报酬超过目前的投资报酬率，投资者宁愿公司不分派股利，而将税后利润进行投资。因为这样，股票价格就会上升，投资者的财富就会增大。投资者对公司股利支付比率的高低可通过股票交易来弥补。

所以，股利的分派不会影响投资者对公司的态度。公司价值或股票价格完全由公司资产的获利能力或其投资政策所决定。公司税后利润是否分派股利，不会影响公司的价值。根据这一理论，股利政策完全由投资计划所需要的留用利润来决定，发放股利的数额是满足投资后所剩余的利润。

2. 股利相关论

股利相关论认为公司的股利分配对公司的市场价值是相关的，股利政策将影响公司的证券价值与资产价值。在现实生活中，市场并不完善且存在税收，不存在无关论提出的假定前提，公司的股利分配是在种种制约因素下进行的，公司不可能摆脱这些因素的影响，股利政策对公司的价值或股票价格将产生较大的影响。股利相关论中，有以下几个较具代表性的流派。

1) "一鸟在手"论

该流派认为，股价上涨会给股东带来资本收益，但是这种收益在很大程度上是不确定的，即使公司承诺将来支付较高的现金股利，该现金股利的获得也是不确定的。因此，从收益的确定性或低风险性考虑，宁愿以较高的价格购买现在就支付现金股利的股票（将此比喻为"一鸟在手"），也不愿购买将来可能上涨或将来可能支付较高现金股利的股票（将此比喻为"双鸟在林"）。"一鸟在手"论认为，发放现金股利，会刺激股价上涨。

2) 信息传递论

这种理论认为，股利之所以对股票价格产生影响，是因为投资者把股利用来预测企业未来的经营成果，投资者一般只能通过企业的财务报告了解企业的经营状况和盈利能力，并据此来判断股票的价格是否合理。但是财务报告在一定的时期内可以调整、润色，甚至还有虚假的成分。因此，投资者对企业未来的发展和收益的了解远不如企业管理人员清晰，即存在着某种信息不对称。在这种情形下，现金股利的分配就成了一个难得的信息传播渠道，即股利的分配就给投资者传递了关于企业盈利能力的信息。如果企业的目标股利支付率在过去一个较长的时期内很稳定，而现在却有所变动，投资者将会把这种现象看作企业未来收益变动的信号，股票市价将会对股利的这种变动有所反应。所以，有人认为，股利可能提供明确的证据来证明有关企业有能力创造现金，因此，企业的股利方针将会影响股票价格，在当今充满不确定因素的现实世界里，企业的口头声明往往被忽视或误解，而它支付股利的实际行动却是一个强有力的生命，因为事实终究胜于雄辩。

3）所得税差异理论

布伦南（Brennan）于1970年最早提出税收差异理论。这种理论认为：MM理论中关于不存在个人所得税和企业所得税这一假设是不存在的。事实上，不仅存在着个人所得税和企业所得税，而且，股利的税率要高于资本利得的税率。这样资本利得对股东更为有利。即使股利和资本利得按相同的税率征税，由于支付的时间不同，股利收入纳税时间是在收取股利的当时，而资本利得纳税是在股票出售时才发生，考虑到货币的时间价值，将来支付一元钱的价值要比现在支付一元钱的价值要小，这种税收延期的特点给资本利得提供了一个优惠。因此，当存在着税收差异时，企业采用高股利政策会损害投资者的利益，而采用低股利政策则会抬高股价，增加企业的市场价值。

4）代理理论

代理理论认为，股利政策有助于减缓管理者与股东之间的代理冲突，股利政策是协调投资者与管理者之间代理关系的一种约束机制。较多地派发现金股利至少具有以下几点好处。

（1）管理者将公司的盈利以股利的形式支付给投资者，则管理者自身可以支配的"闲余现金流量"就相应减少了，这在一定程度上可以抑制管理者过度地扩大投资或进行特权消费，从而保护外部投资者的利益。

（2）较多地派发现金股利，减少了内部融资，导致公司进入资本市场寻求外部融资，从而公司可以经常接受资本市场的有效监督，这样便可以通过资本市场的监督减少代理成本。因此，高水平的股利支付政策有助于降低企业的代理成本，但同时也增加了企业的外部融资成本，所以，最优的股利政策应当使这两种成本之和最小。

可以看出，上述各个理论各有特点，MM理论认为股利大小与公司价值无关，即不存在最佳股利政策；"一鸟在手"理论认为高股利支付率可以提高公司的价值；而税差理论则认为低股利支付率是最佳选择，可以获得减税效应。究竟应该以哪一种理论为依据进行股利分配，公司应视具体情况而定。

（三）影响公司股利政策的因素

股利政策是公司财务管理的一项重要内容，因为它不仅仅是简单的投资收益分配，而且还关系到公司的投资、融资及股票价格等各个方面。因此，制定一个适合公司特定情况的、稳定的股利政策是非常重要的。一般来说，公司在制定股利政策时，应当考虑以下诸因素的影响。

1. 法律法规因素

为了保护债权人和股东的利益，国家有关法规对企业收益分配予以一定的硬性限制。这些限制主要体现为资本保全约束、偿债能力约束、资本积累约束和超额累积利润约束。

1）资本保全约束

它要求公司股利的发放不能侵蚀资本，即当企业没有可供分配的利润时，不得派发股利。资本保全的目的，在于防止企业任意减少资本结构中所有者权益的比例，以保护债权人利益。根据资本保全约束，企业派发的股利只能来源于当期利润或留存收益，不能来源于资本公积和实收资本。

2）偿债能力约束

它保证在现金股利分配后公司仍能保持较强的偿债能力。

3）资本积累约束

它要求企业在分配收益时，必须按一定的比例和基数提取各种公积金。另外，它要求在进行股利分配时，贯彻"无利不分"的原则。

4）超额累积利润约束

这是规定企业不能过度地进行利润积累。为什么要限制企业过度积累利润呢？我们知道，企业股东获得的收益包括两部分：一部分是持有期间获得的股利，另一部分是将来卖出时卖出价和原来买入价的差额，叫资本利得。如果企业过度积累利润，虽然股东的股利收入减少了，但由于股价会上升，所以股东可以获得资本利得。股利收入的所得税税率要高于获得资本利得收入的税率，因此，公司通过过度积累利润，虽然减少了股东的股利收入，但由于盈余的积累增加，提高了公司股价，从而使股东的资本利得可以增加。所以，过度积累利润，实质上是一种避税行为。因此，西方国家在法律上明确规定公司不得超额累计利润，当公司留存收益超过法律认可的水平将被加征额外的税款。但我国法律目前对此尚未做出规定。

2. 公司自身因素

公司在确定收益分配政策时，要考虑其自身的经营与发展状况，需要综合考虑以下因素。

1）现金流量

企业在进行收益分配时，必须充分考虑企业的现金流量，而不仅仅是企业的净收益。公司在分配现金股利时，必须考虑到现金流量及资产的流动性。如果公司的现金流量充足，特别是在满足投资所需资本之后，仍有剩余的自由现金流量时，就应当适当提高股利水平；反之，如果现金流量不足，即使公司当前的利润较多，也应当限制现金股利的支付。过多地分配现金股利会减少公司的现金持有量，影响未来的支付能力，甚至可能导致公司出现财务困难。

2）投资需求

公司在制定股利政策时会考虑未来投资对资本的需求。在公司有良好的投资机会时，就应当考虑减少发放现金股利，增加留用利润，将资本用于再投资，这样可以加速企业的发展，增加未来的收益，这种股利政策往往也易于为股东所接受。在企业没有良好投资机会时，往往倾向于多发放现金股利。

3）筹资能力

筹资能力是影响公司股利政策的一个重要因素。不同的企业在资本市场上的筹资能力会有一定的差异，公司在分配现金股利时，应当根据自身的筹资能力来确定股利支付水平。如果公司筹资能力强，能够较容易地在资本市场上筹集到资本，就可以采取比较宽松的股利政策，适当提高股利支付水平；如果筹资能力较弱，就应当采取比较紧缩的股利政策，少发放现金股利，增加留用利润。

4）盈利状况

公司的股利政策在很大程度上会受盈利能力的影响。如果公司未来的盈利能力较强，并且盈利稳定性较好，就倾向于采用高股利支付率政策；反之，如果公司盈利能力较弱，盈利的稳定性较差，则会考虑应对未来经营和财务风险的需要，常常采用低股利支付率政策。

5）筹资成本

资本成本是企业选择筹资方式的基本依据。留用利润是企业内部筹资的一种重要方式，留存收益与发行新股或举债相比，具有成本低的优点。因此，很多企业在确定收益分配政策时，往往将企业的净利润作为首选的筹资渠道，特别是负债资金较多、资本结构欠佳的时期。

6）股利政策惯性

如果企业历年采取的股利政策具有一定的连续性和稳定性，那么重大的股利政策调整有可能对企业的声誉、股票价格等产生影响。另外，靠股利来生活和消费的股东不愿意投资于股利波动频繁的股票。

7）公司所处的生命周期

一般来说，朝阳行业处于调整成长期，甚至能以数倍于经济发展速度的水平发展，因此就可能进行较高比例的股利支付；而夕阳产业则由于处于发展的衰退期，会随着经济的高增长而萎缩，就难以进行高比例的分红。

3. 股东方面因素

股东对公司的收益分配政策也会产生影响，具体从以下三个方面来考虑。

1）稳定的收入

有的股东依赖于公司发放的现金股利维持生活，如一些退休者，他们往往要求公司能够定期支付稳定的现金股利，反对公司留用过多的利润。还有一些股东是"一鸟在手"理论的支持者，他们认为留用过多的利润进行再投资，尽管可能会使股票价格上升，但是所带来的收益具有较大的不确定性，还是取得现实的现金股利比较稳妥，这样可以规避较大的风险，因此这些股东也倾向于多分配现金股利。

2）控制权

从控制权的角度考虑，具有控制权的股东往往希望少分股利。原因在于，如果公司的股利支付率高，必然导致保留盈余减少，这又意味着将来发行新股的可能性加大，而发行新股会稀释公司的控制权。因此，具有控制权的股东往往主张限制股利的支付，而愿意较多地保留盈余，以防止控制权旁落他人。

3）税赋

多数国家的红利所得税税率都高于资本利得所得税税率，国家红利所得税采用累进税率，边际税率很高。这种税率的差异会使股东更愿意采取可避税的股利政策。高收入的股东未来避税往往反对公司发放过多的现金股利，而低收入的股东因个人税负较轻甚至免税，可能会欢迎公司多分现金股利。

按照我国税法规定，股东从公司分得的红利应按20%的比例税率缴纳个人所得税（现按10%减半征收），而对股票交易获得资本利得的收益目前还没有开征个人所得税，因而对于股东来说，股票价格上涨获得收益比分得现金股利更具有避税功能。

4. 其他方面因素

其他方面因素如债务契约、通货膨胀等因素。此外，对于从事外贸的公司来说，汇率的变化、国际市场的景气与否，都将影响利润的变化，从而影响现金股利的变化。

1) 债务契约

一般来说，股利支付水平越高，留存收益越少，公司破产风险就加大，就越有可能侵害到债权人的利益。因此，为了保证自己的利益不受侵害，债权人通常会在借款合同、债券契约及租赁合同中加入关于借款公司股利政策条款，以限制公司股利的发放。

2) 通货膨胀

在通货膨胀时期，企业一般采用偏紧的利润分配政策。原因在于，出现通货膨胀之后，货币购买力下降，固定资产重置资金会出现缺口，为了弥补缺口，企业往往少发放现金股利。

(四) 股利政策的实施

1. 剩余股利政策

剩余股利政策主张，公司的收益首先应当用于满足盈利性投资项目资本的需要。在满足了盈利性投资项目的资本需要之后，若有剩余，则公司可将剩余部分作为股利发放给股东。

采用这一政策，应遵循以下几个步骤。

(1) 根据资本投资计划和加权平均资本成本确定最佳资本支出水平。

(2) 设定目标资本结构，即确定股东权益资本和债务资本的比率，并以此确定所需达到的股东权益的数额。

(3) 最大限度地利用留存收益来满足这一股东权益数，如果留存收益不足，则需发行新股以弥补不足。

(4) 在留存收益有剩余的情况下才可发放股利。

按照剩余股利政策，股利发放额每年随投资机会和盈利水平的变动而变动。即在盈利水平不变的情况下，股利将与投资机会的多少反方向变动：投资机会越多，股利越少；反之，投资机会越少，股利发放越多。而在投资机会不变的情况下，股利的多少又随着每年收益的多少而变动。在这种政策下，股利变动较大，因此很少有人会机械地照搬剩余股利理论，但许多公司运用这种理论来确定一个长期目标发放率。

2. 固定股利或稳定增长股利

在实务中，很多公司都将每年发放的每股股利定在某一特定的水平上，然后在一段时期内维持不变；只有当公司认为未来收益的增加足以使它能够将股利维持在一个更高水平时，公司才会提高股利的发放额，如图5-1所示。这种股利政策的一个重要原则是：绝对不要降低年度股利的发放额，但通货膨胀促使收益增长，从而使绝大多数奉行固定股利政策的公司转而实行所谓的"稳定增长率"政策，即公司制定一个目标股利增长率，如每年增长5%，并努力按照这个幅度增长。显然，只有在收益稳定的情况下，这一政策才是可行的。

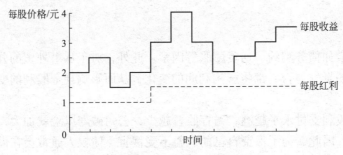

图 5-1　固定股利或稳定增长股利

3. 固定股利支付率

这一政策是指公司从其收益中提取固定的百分比，以作为股利发放给股东。在这种情况下，公司每年所发放的股利会随着公司收益的变动而变动，从而使公司的股利支付极不稳定，由此导致股票市价上下波动，很难使公司的价值达到最大，如图 5-2 所示。

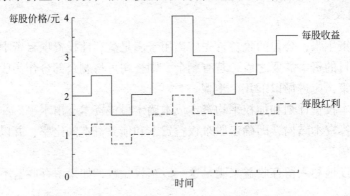

图 5-2　固定股利支付率（固定股利支付率为 50%）

4. 低正常股利加额外股利政策

这一政策是指公司每年只支付数额较低的正常股利，只有在公司繁荣时期才向股东发放额外股利。例如，通用汽车公司在效益好的年份就曾经发放过额外股利。额外股利的运用，既可以使公司保持固定股利的稳定记录，又可以使股东分享公司繁荣的好处。如果公司经常连续支付额外股利，那么它就失去了原有的目的，额外股利就变成了一种期望回报；但如能以适当的方式表明这是额外股利的话，额外股利或者特别股利仍然能向市场传递有关公司目前与未来经营业绩的积极信息。

（五）股利支付方式选择

常见的股利支付方式有现金股利、财产股利、负债股利和股票股利等。其中，前两种方式最为普遍。而现金股利与股票回购，股票股利与股票分割又十分相似。

（1）现金股利。这是以现金支付的股利，它是股利支付最常见的方式。

（2）财产股利。这是以现金以外的其他资产支付的股利。

（3）负债股利。这是以负债的方式支付的股利，通常以企业的应付票据、债券支付给股东。

(4)股票股利。这是企业以增发股票的方式所支付的股利。

三、实训内容

1. 情景资料

甲公司股本资本结构不含有优先股。假定它拥有 40 万股面值为 1 元的在外普通股。该公司的创立者不幸于 2008 年年末意外去世。这一事件发生后，人们估计公司将进入一个持续低增长时期，吸引人的投资必定很少。过去，公司认为有必要将其收益的大部分再投资，以保持其平均每年 12% 的增长率。现在看来，5% 的增长率比较切合实际，但这会要求增加其股利分配。此外，甲公司的股东要求收益率（K_s）至少为 14%，2022 年的投资项目总额为 160 万元。预计 2022 年公司净收益为 400 万元，如果现行的 20% 股利发放率（DPS/EPS）保持不变，那么，2022 年留存收益将为 320 万元。

2. 实训要求

（1）假定 2022 年投资项目全部通过留存收益筹集，甲公司奉行剩余股利政策，试计算 2022 年每股股利（DPS）。

（2）2022 年的股利发放率为多少？

（3）如果甲公司在可预见的将来可望保持增长的股利发放率，那么普通股的内在价值是多少？这一价值与以前情形（该创立者在世）下的价值相比有无变化？为什么？（提示：根据 $K_s = D_1/P_0 + g$ 的公式，求出 P_0）

（4）如果继续保持 20% 的股利发放率，普通股的内在价值为多少？试评价股利发放率的提高对股东财富的影响。

3. 实训组织方式及步骤

本实训安排在相关理论知识讲授结束之后进行。在实训指导教师的指导下，由学生本人独立完成。学生以班级为单位统一在财务管理模拟实验室进行实训。实验室配备计算机，并装有 Excel 软件。实训前要求学生对相关知识进行复习。

（1）设计股利计算 Excel 表（见表 5-1）。

表 5-1　股利计算表

序号	A	B
1	每股股利/元	(B4-B5)/B6
2	股利发放率/%	(B4-B5)/B4
3	内在价值/万元	B1/(B7-B8)
4	净收益/万元	
5	内部筹资量/万元	
6	普通股股数/万股	
7	股东收益率/%	
8	增长率/%	

（2）将相关数据代入表 5-1 中即可求出答案。

模块二　股票分割和股票回购实训

一、实训目的

通过对股利分割和股利回购模块的实训，掌握股票回购与股票分割对公司价值和投资者收益的影响。

二、理论知识点

（一）股票分割

股票分割是指将一股面额较高的股票交换成数股面额较低的股票的行为。例如，将原来的一股股票交换成两股股票。股票分割不属于某种股利，但其所产生的效果与发放股票股利十分相近。

股票股利和股票分割，除了会计处理不同之外，两者基本上相同：①都没有增加股东的现金流量；②都使流通在外的普通股股数增加，且使股票市场价格下降；③都没有改变股东权益总额，但前者使股东权益内部发生了变化，并必须以当期或留存收益进行股利支付，而股票分割却不受此限制，即使公司过去或现在没有留存收益。

就公司管理当局而言，实行股票分割的主要目的如下所述。

第一，降低股票市价。一般来说，股票价格过高，不利于股票交易活动。通过股票分割降低股价，使公司股票更广泛地分散到投资者手中。

第二，为新股发行做准备。股票价格过高使许多潜在投资者力不从心而不敢轻易对公司股票进行投资。在新股发行之前，利用股票分割降低股票价格，有利于提高股票的可转让性和促进市场交易活动，由此提高投资者对股票的兴趣，促进新发行股票的畅销。

第三，有助于公司兼并、合并政策的实施。当一个公司兼并或合并另一个公司时，首先将自己的股票加以分割，可提高对被兼并方股东的吸引力。

（二）股票回购

股票回购是指公司出资购回其本身发行的流通在外的股票。被购回的股票通常称为库藏股票，如果需要也可重新出售。股票回购实际上是现金股利的一种替代形式。

现金股利政策和股票回购政策是相同的。在这两种方式下，公司都需要支付一定数量的现金给股票的持有者，无论是以现金的形式发放股利，还是以现金的形式回购股票，其结果都使公司总资产减少；但如果发放现金股利，投资者将要支付较高的所得税税款。

就管理当局而言，公司采取股票回购的方式主要有以下目的。

第一，用于公司收购或兼并。在收购或兼并的场合，产权交换的支付方式无非为现金购买或以股票换股票两种。如果公司有库藏股票，即可使用公司本身的库藏股票来交换被购并公司的股票，由此可以减少公司的现金支出。

第二，满足可转换条款和有助于认股权的行使。在公司发行可转换证券或附认股权证的情况下，公司通过回购股票，即可使用库藏股票来满足认股权证持有人以特定的价格认购股票，以及可转换证券持有人将其转换成普通股的要求，而不必另行发行新股。

第三，改善公司的资本结构。如果公司认为其股东权益资本所占的比例过高、负债对股权的比例失衡时，就有可能对外举债，并用举债获得的现金回购自己的股票，由此实现资本结构的合理化。

第四，分配公司的超额现金。如果公司的现金超过其投资机会所需要的现金，但又没有足够的盈利性投资机会可以使用这笔现金，就有可能采取股票回购的方式，将现金分配给股东。这样，流通在外的普通股股数就会减少，在其他条件不变的情况下，可使每股收益和每股市价提高。

三、实训内容

（一）股票回购与现金股利

1. 情景资料

甲公司有关的财务数据如下：

税后利润	12 000 万元
发行在外的普通股股数	2 000 万股
每股收益	6 元
每股市价（除息价格）	50 元
预计每股股利	4 元

该公司计划向现有股东分配 4 000 万元的收益，分配方案有两种：以现金股利方式，或以股票回购方式分配。公司的主要股东主张采取股票回购方式，并提议以每股 54 元的价格回购 740 741 股。如果发放现金股利 4 000 万元，股利发放后每股市价将为 50 元。

2. 实训要求

（1）假设不考虑所得税因素，计算两种方案对公司股东财富的影响。
（2）如果大多数股东的边际税率都很高，选出有利方案。
（3）除了税收因素外，阐述采取股票回购方式的目的。

3. 实训组织方式及步骤

本实训安排在相关理论知识讲授结束之后进行。在实训指导教师的指导下，由学生本人独立完成。学生以班级为单位统一在财务管理模拟实验室进行实训。实验室配备计算机，并装有 Excel 软件。实训前要求学生对相关知识进行复习。

设计股利支付方式计算的 Excel 表（见表 5-2）。

表5-2 股利支付方式比较计算表

序号	A	B	C
1	股利支付方式	现金股利	股票股利
2	税后利润/万元		
3	普通股股数/万股		
4	每股收益/元		
5	每股市价/元		
6	每股股利/元		
7	回购股数/万股		
8	回购价格/元		
9	现金股利/万元		
10	总市值/万元	B3*B5	(C3-C7)*C8

将相关数据代入表5-1,即可求出答案。

(二) 股票分割

1. 情景资料

假设你拥有5%公司流通在外的股票,每股股价为10元,流通在外的股票为1 000股,公司管理层宣布实行1∶5的股票分割计划。

2. 实训要求

(1) 股票分割后,计算你的股票总价值。

(2) 公司管理层相信在股票分割后,因市场有正面反应,股价只会下跌40%,请通过计算核实你是否获利。

3. 实训组织方式及步骤

本实训安排在相关理论知识讲授结束之后进行。在实训指导教师的指导下,由学生独立完成。学生以班级为单位统一在财务管理模拟实验室进行实训。实验室配备计算机,并装有Excel软件。实训前要求学生对相关知识进行复习。

设计股利分割对公司价值影响计算的Excel表(见表5-3)。

表5-3 股票分割对公司价值影响计算表

序号	A	B	C
1		股票分割前	股票分割后
2	持股比例/%		
3	持股数量/万股		
4	股价/元		
5	分割比例		
6	股票总价值/万元	B3*B4*B5	C3*C4*C5

将相关数据代入表 5-3，即可求出答案。

巩固练习

1. 甲公司普通股股数为 1 000 万股，2022 年的销售收入为 18 000 万元，每股股利 3 元，预计 2023 年的销售收入增长率为 20%，销售净利率为 15%，适用的所得税率为 25%，长期资产总额不变，流动资产和流动负债各占销售收入的比例不变（分别为 28%和 12%），公司采用的是低正常股利加额外股利政策，每股正常股利为 3 元，如果净利润超过 2 240 万元，则用超过部分的 10%发放额外股利。

要求：(1) 预计 2023 年的每股股利。
(2) 预测 2023 年需增加的营运资金。

2. A 公司本年实现税后净利润 8 000 万元，按照 10%的比例提取法定盈余公积金，按照 5%的比例提取任意盈余公积金，年初未分配利润为 200 万元，公司发行在外的普通股为 1 000 万股（每股面值 4 元），利润分配之前的股东权益为 16 000 万元，每股现行市价为 32 元。

要求回答下列互不相关的问题：
(1) 计算提取的法定盈余公积金和任意盈余公积金数额。
(2) 假设按照 1 股换 2 股的比例进行股票分割，股票分割前从本年净利润中发放的现金股利为 1 200 万元，计算股票分割之后的普通股股数、每股面值、股本和股东权益，假设"每股市价/每股股东权益"不变，计算股票分割之后的每股市价。

3. 某公司今年年底的所有者权益总额为 9 000 万元，普通股 6 000 万股。目前的资本结构为长期负债占 55%，所有者权益占 45%，没有需要付息的流动负债。该公司的所得税率为 30%。预计继续增加长期债务不会改变目前 11%的平均利率水平。

董事会在讨论明年资金安排时提出：①计划明年年末分配现金股利 0.05 元/股；②计划明年全年为新的投资项目共筹集 4 000 万元的资金；③计划明年仍维持目前的资本结构，并且计划年度新增自有资金从计划年度内各月留用利润中解决，所需新增负债资金从长期负债中解决。

要求：测算实现董事会上述要求明年所需实现的息税前利润。

4. 某公司 2022 年实现的税后净利为 1 000 万元，法定盈余公积金的提取比例为 10%，若 2023 年的投资计划所需资金 800 万元，公司的目标资本结构为自有资金占 60%。

要求：(1) 若公司采用剩余股利政策，计算 2022 年末可发放多少股利。
(2) 若公司发行在外的股数为 1 000 万股，计算每股利润及每股股利。
(3) 若 2023 年决定将公司的股利政策改为逐年稳定增长的股利政策，设股利的逐年增长率为 2%，投资者要求的必要报酬率为 12%，计算该股票的价值。

5. 某公司成立于 2021 年 1 月 1 日，2021 年度实现的净利润为 3 000 万元，分配现金股利 1 200 万元，提取盈余公积 1 800 万元（所提盈余公积均已指定用途）。2022 年实现的净利润为 5 000 万元（不计提盈余公积）。2023 年计划增加投资，所需资金为 4 000 万元。假定公司目标资本结构为自有资金占 40%，借入资金占 60%。

要求：(1) 在保持目标资本结构的前提下，计算 2023 年投资方案所需的自有资金额和需要从外部借入的资金额。

(2) 在保持目标资本结构的前提下,如果公司执行剩余股利政策。计算 2022 年度应分配的现金股利。

(3) 在不考虑目标资本结构的前提下,如果公司执行固定股利政策,计算 2022 年度应分配的现金股利、可用于 2023 年投资的留存收益和需要额外筹集的资金额。

第六部分　财务分析实训

模块一　财务指标分析实训

一、实训目的

理解和掌握报表分析方法,通过使用财务报表中的数据,运用和解释财务分析比率,使分析人员能够根据会计报表数据进行偿债能力分析、营运能力分析和盈利能力分析,评估企业过去及现在的财务状况、经营成果、现金流量和公司风险,为报表使用者作出投资决策提供有用的信息。

二、理论知识点

(一) 财务分析目的

财务分析主要以财务报表为依据,采用系统的、专门的方法分析评价企业的经营成果、财务状况并预测未来的发展趋势,以帮助企业的投资者、债权人、政府、供应商、经理和员工等利益相关者进行决策。不同的人员进行财务分析的目的是不同的,归纳起来,财务分析的主要目的体现在以下几方面。

1. 评价企业的财务状况

通过对企业的财务报表等核算资料进行分析,可以了解企业资产的流动性、负债水平及偿还债务的能力,从而评价企业的财务状况和经营风险,为企业管理者、投资者提供财务信息。

2. 评价企业的资产管理水平

企业的生产经营过程就是利用资产取得收益的过程。资产是企业生产经营活动的经济资源,资产管理水平直接影响到企业的收益,它体现了企业的整体素质。进行财务分析,可以了解企业对资产的管理水平和资金周转状况,为评价企业经营管理水平提供依据。

3. 评价企业的获利能力

获取利润是企业的主要经营目标,获利能力也反映了企业的综合素质。企业要生存和发展,必须争取获得较高的利润,这样才能在竞争中立于不败之地。投资人和债权人都十分关心企业的获利能力。

4. 评价企业的发展趋势

无论是企业的经营管理者,还是投资人、债权人,都十分关心企业的发展趋势,这关系到他们的切身利益。通过对企业进行财务分析,可以判断企业未来的发展趋势,预测企业的经营前景,从而避免决策方向失误。

（二）财务报表分析方法

财务报表分析常用的方法如下。

1. 比较分析法

比较分析法是指对两个或者几个相关可比数据进行比较，从而得出有关结论的分析方法。比较分析法还可以具体分为以下四种方法。

（1）比较分析，又称横向分析，是指对同一企业前后不同期间财务报表的相同项目进行的比较分析。

（2）结构百分比分析，又称纵向分析，是指对同一期间财务报表中的不同项目进行的比较分析。

（3）趋势百分比分析，是指对同一企业连续多年的报表数据进行比较分析，从而揭示各期间财务状况的发展趋势。趋势百分比分析包括财务状况、经营成果及财务状况变动的分析。

（4）财务比率分析，是指将两个相关的会计项目相除，得出一个财务比率，从而揭示同一张财务报表或者不同财务报表的相关项目之间的内在联系的比较分析方法。财务比率分析包括资产、负债、所有者权益及损益各项目的比率分析。

2. 因素分析法

因素分析法是指依据财务指标及其所包含的驱动因素之间的数量依存关系，通过有顺序地替换各因素，从数量上确定各驱动因素对指标影响程度的一种方法。

（三）财务比率分析指标体系

财务报表相关使用者对企业提供的财务报表进行研究，最常用的方法是根据需要计算各种财务比率，进而从偿债能力、营运能力、盈利能力和成长能力四个方面来了解企业的整体经营情况和财务状况。

1. 偿债能力分析

这是反映企业偿债能力的指标，主要用于评价企业按时履行其财务义务的能力。由于债务按到期时间分为短期债务和长期债务，所以偿债能力分析也分为短期偿债能力分析和长期偿债能力分析。

1）短期偿债能力分析

分析企业短期偿债能力的指标，常用的有营运资本、流动比率、速动比率、现金比率、现金流量比率等。

（1）营运资本。

营运资本是指公司可以长期自由支配的流动资金，是流动资产超过流动负债的部分。其计算公式如下：

$$营运资本 = 流动资产 - 流动负债 \qquad (6-1)$$

计算该指标时，流动资产和流动负债的金额可以直接从资产负债表中取得，且一般用的是资产负债表中的年末余额。

营运资本金额越多，表示流动负债的偿还越有保障，企业的流动性越好，企业的短期偿债能力越强。营运资本的分析主要是与本企业以前年度数据比较。由于营运资本是一个绝对数值,不同企业间存在着显著的规模差异,因此在不同企业之间比较营运资本是没有意义的。

(2)流动比率。

流动比率是指在某一特定时点的全部流动资产与流动负债的比,表示1元流动负债的偿还究竟有多少流动资产作保障。其计算公式如下:

$$流动比率=\frac{流动资产}{流动负债} \qquad (6-2)$$

计算该指标时,流动资产和流动负债的金额可以直接从资产负债表中取得,且一般用的是资产负债表中的年末余额。

流动比率可以反映企业以流动资产抵偿流动负债的程度。流动比率越高,表示企业的流动性越好,短期偿债能力越强,通常认为流动比率为2时最理想。但过高的流动比率可能表明企业货币资本未得到有效运用,因此过高的流动比率并不意味着企业的财务状况良好。流动比率受很多因素的影响。一般来说,流动比率与企业的营业周期有很大的关联,企业的营业周期越短,其流动比率可能越低。另外,虽然不同流动比率间的比较可以反映差异,但不能够解释差异的原因。

(3)速动比率。

速动比率是指速动资产与流动负债的比,表明1元流动负债有多少速动资产可以作为偿还保障。其计算公式如下:

$$速动比率=\frac{速动资产}{流动负债} \qquad (6-3)$$

计算该指标时,流动负债可直接从资产负债表中取得。速动资产是指货币资金、以公允价值计量且其变动计入当期损益的金融资产和各种应收、预付款项等各项可立即或者迅速变现并用于偿还流动负债的资产。速动资产的金额等于流动资产总额减去存货、待摊费用、一年内到期的非流动资产等变现缓慢和数量不确定的流动资产。公式中涉及的各报表项目全部采用年末余额。

速动比率比流动比率更能够反映企业的短期偿债能力。一般认为,当速动比率等于1时,企业具有良好的财务状况,比较容易筹措到现金以满足经营需要。速动比率与行业具有密切的关系,不同行业的速动比率有很大的差别:采用大量现金销售的企业,速动比率可能低于1,应收账款较多的企业速动比率可能大于1。影响速动比率的最重要因素是应收账款的变现情况,在计算分析速动比率之前,要对企业应收账款的账龄结构和周转率有所了解,从而更准确地理解该指标。

(4)现金比率。

现金比率是指现金资产与流动负债的比率,表明1元流动负债有多少现金资产可以作为偿还保障。其计算公式如下:

$$现金比率=\frac{现金资产}{流动负债} \qquad (6-4)$$

计算该指标时,流动负债可直接从资产负债表中取得。所谓现金资产,是指流动资产中流动性最强,可以直接用于偿债的那一部分,其金额等于资产负债表中的货币资金与以公允价值计量且其变动计入当期损益的金融资产之和。公式中涉及的各报表项目全部采用年末余额。

现金比率计量的是可用于偿还流动负债的现金，衡量的是企业实时偿还流动负债的能力，是最保守的短期偿债能力比率。一般情况下，企业的现金比率会低于1，因为企业为避免现金得不到充分利用的情况，一般不愿意持有太多的现金类资产。这一指标在一般情况下很少用到。

（5）现金流量比率。

现金流量比率是经营现金流量和流动负债的比，表明1元流动负债有多少经营现金流量可以作为保障。其计算公式如下：

$$现金流量比率 = \frac{经营现金流量}{流动负债} \qquad (6-5)$$

计算该指标时，流动负债可从资产负债表中取得，一般采用期初余额和期末余额的平均值。公式中的经营现金流量是现金流量表中的"经营活动产生的现金流量净额"，它是企业可以用来偿债的现金流量。

现金流量比率反映了企业通过经营活动产生的净现金流量对短期债务偿还的保障程度。该比率越高，表明企业的流动性越强，企业的偿债能力越好。如果该指标过高，则表明企业没有很好地利用现金资源，造成资源浪费；但如果该指标过低，则表明企业可能出现了现金危机。

（6）其他影响因素。

公司的流动性和短期偿债能力并非完全反映在基本的财务比率中，还有一些报表外因素也会影响企业的短期偿债能力。在进行报表分析时，我们应当尽可能地了解这些能够反映企业流动性和短期偿债能力的表外信息。当存在以下几种情况时，企业的偿债能力比财务比率所反映的情况要好：比如有可动用的银行贷款指标，有可以在短期内变现的长期资产，容易筹集到新的贷款。当存在以下几种情况时，企业的偿债能力比财务比率所反映的情况要差：比如有数额较大并且可能发生的或有负债，有追索权的已贴现票据，有长期资产购置合同中的分阶段付款等。

2) 长期偿债能力分析

分析企业长期偿债能力的指标，常用的有下列各项：资产负债率、产权比率、权益乘数、利息保障倍数、现金流量利息保障倍数、现金流量债务比等。

（1）资产负债率。

资产负债率是指全部负债占全部资产的百分比，表明企业在清算时保护债权人利益的程度。其计算公式如下：

$$资产负债率 = \frac{负债总额}{资产总额} \times 100\% \qquad (6-6)$$

计算该指标时，负债和资产总额均可直接从资产负债表中取得，一般用的是期末余额。

有关经验表明，资产负债率的适当范围介于30%~70%。事实上，如果资产负债率高于50%时，债权人的利益就缺乏保障。资产负债率过高，表明企业面临巨大的偿债压力；资产负债率过低，表明企业没有很好地利用财务杠杆，不利于实现企业的价值最大化。资产负债率越低，企业偿债越有保障。资产负债率还表示企业的举债能力：一个企业的资产负债率越低,表明其越有借款能力。不同资产的变现能力有很大区别,因此不同行业的资产负债率存在差异,不同行业之间不具可比性,在分析资产负债率时,一般与行业平均值比较从而得出结论。

(2)产权比率。

产权比率实质上是资产负债率的另一种表现形式,表明1元股东权益借入的债务数额。其计算公式如下:

$$产权比率 = \frac{负债总额}{股东权益} \qquad (6-7)$$

计算该指标时,负债总额和股东权益的数值可以直接从资产负债表中取得,一般用的是期末余额。

该指标用于衡量企业筹措的负债占自有资本的比重,从而确定债权人在企业破产时的受保护程度。产权比率随企业的理财政策而定,该指标越低表明企业借入的资金比率越低,自有资金的比率越高,企业的财务风险越低。

(3)权益乘数。

权益乘数实质上同产权比率一样,也是资产负债率的另一种表现形式,表明1元股东权益所拥有的资产。其计算公式如下:

$$权益乘数 = \frac{资产总额}{股东权益} \qquad (6-8)$$

计算该指标时,资产和股东权益的数值可以直接从资产负债表中取得,一般用的是期末余额。

权益乘数与产权比率的关系是:权益乘数=产权比率+1,因此权益乘数总比产权比率大1,权益乘数和产权比率是两种常用的财务杠杆。权益乘数大小所表示的意义与对应的产权比率相同,在此不再说明。

(4)利息保障倍数。

利息保障倍数是指企业年度获得的息税前利润与所支付固定利息费用的倍数关系,表明1元债务利息有多少倍的息税前利润可以作为保障。其计算公式如下:

$$利息保障倍数 = \frac{息税前利润}{利息费用} \qquad (6-9)$$

在计算该指标时,息税前利润的金额可以由净利润加上利息费用和所得税费用得到。利息费用的金额如果直接用利润表中的财务费用是不合适的,因为该指标中的利息费用与财务费用是不同的。它不仅包括费用化的利息费用,还包括资本化的利息费用,但它不包括财务费用中的汇兑损益,因此利息费用的具体数额需要根据报表附注资料来准确确定。

利息保障倍数反映的是企业的付息能力,利息费用若为负,则分析该指标便无任何意义;若该指标小于1,则表明企业目前的债务规模过大,自身产生的经营收益无法保证按时偿还利息;当利息保障倍数为3或者以上时,表明企业不能偿付其利息的可能性较小;该比率达到4时,表明公司支付其利息的能力为良好。利息保障倍数越大,企业的利息支付越有保障,在举借新债时也比较容易,因为利息保障倍数越大,企业拥有的偿还利息的缓冲资金就越多,会给债权人留下一个比较好的印象。另外,利息保障倍数在时间上往往有大的波动,因为经济周期和产业周期往往会对企业的盈利和利息产生影响。

(5) 现金流量利息保障倍数。

现金流量利息保障倍数是指经营现金流量与利息费用的比,表明1元的利息费用有多少倍的经营现金流量作为保障。它的计算公式如下:

$$现金流量利息保障倍数 = \frac{经营现金流量}{利息费用} \tag{6-10}$$

在计算该指标时,经营现金流量可以从现金流量表中取得,利息费用的计算同利息保障倍数中的利息费用相同,一般需要根据报表附注资料分析确定。

现金流量利息保障倍数比利息保障倍数更可靠,因为它是以支付利息的现金为基础来分析的。现金流量利息保障倍数越大,表明用于支付利息的现金越多,企业的偿债信誉越好,企业的财务风险就越小。

(6) 现金流量债务比。

现金流量债务比是指经营活动产生的现金流量与债务总额的比率,表明1元的债务有多少倍的经营现金流量作为保障。其计算公式如下:

$$现金流量债务比 = \frac{经营现金流量}{负债总额} \tag{6-11}$$

在计算该指标时,经营现金流量可以从现金流量表中取得,负债总额是负债的期末余额与期初余额的平均值。

现金流量债务比表示企业的经营现金流量偿付债务总额的能力。该比率越高,表明企业用于偿还债务的资金越多,企业不会出现现金短缺,企业的财务风险越小。

(7) 其他影响因素。

同短期偿债能力分析一样,有些表外因素也会对企业的长期偿债能力产生重大影响,必须引起我们的重视。企业的长期租赁、债务担保、未决诉讼都会影响企业长期偿债能力。在对企业的长期偿债能力进行分析时,必须考虑到表外因素,关注财务报表附注,真正了解企业真实的长期偿债能力,更准确地作出决策。

2. 营运能力分析

分析企业营运能力的指标,常用的有下列各项:应收账款周转率、存货周转率、流动资产周转率、非流动资产周转率、总资产周转率。

1) 应收账款周转率

应收账款周转率是销售收入与应收账款的比率。表明应收账款一年中的周转次数,也表示1元应收账款所支持的销售收入。应收账款周转天数表示从销售开始到全部收现所需要的平均天数。其计算公式如下:

$$应收账款周转率 = \frac{销售收入}{应收账款} \tag{6-12}$$

$$应收账款周转天数 = \frac{360}{应收账款周转次数} \tag{6-13}$$

在计算该指标时,销售收入一般可以从利润表中直接获取,应收账款的金额应当使用未提取坏账准备的应收账款平均数来计算,同时也应当考虑到应收票据。

应收账款周转率是衡量应收账款变现能力的指标。该指标越高,表明企业的收账速度越快,坏账损失越少。应收账款周转天数一般来说越短越好,天数越多表明企业发生坏账损失的风险越大,企业的信用政策过于宽松,应当及时修改。若周转次数过低,则表明企业的营运资金过多地呆滞在应收账款上,影响资金的正常运转,企业的信用政策过紧,不利于提高企业的销售额。此外,应收账款周转率应当与其他问题联系起来分析,比如销售商品的信用期间、销售额和现金的分析等。应收账款周转率分析的最终目的是使企业确定合理的信用期间,正确地协调企业的现金销售和销售收入额之间的关系。

2)存货周转率

存货周转率是销售收入与存货的比率,表示存货在一年中的周转次数,也表示1元存货所支持的销售收入。其计算公式如下:

$$存货周转率=\frac{销售收入}{存货} \quad (6-14)$$

$$存货周转天数=\frac{360}{存货周转次数} \quad (6-15)$$

在计算该指标时,销售收入一般可以从利润表中直接获取,存货的金额应当取资产负债表中期初余额和期末余额的平均数。

存货周转率是衡量和评价企业购入存货、投入生产、销售收款等环节管理状况的综合指标。存货周转率反映企业存货管理水平。存货周转率过慢,表明企业有过多的流动资本用于存货;存货周转率过高,表明企业存货水平太低。存货周转率越快,表明存货占用的资本就越少,公司的存货管理水平越高。在特定的生产经营条件下存在特定的最佳存货水平,存货过多会浪费资金,不能够更好地用于业务经营;存货过少会不能满足流转需要,企业可能由此丧失了许多销售机会。分析存货周转率的最终目的是使企业的存货管理在保证企业能够连续经营的基础上尽可能地减少占用的流动资金,提高资金的利用程度,从而提高企业的经营管理水平。

3)流动资产周转率

流动资产周转率是销售收入与流动资产的比率,表示流动资产在一年中的周转次数,也表示1元流动资产所支持的销售收入。其计算公式如下:

$$流动资产周转率=\frac{销售收入}{流动资产} \quad (6-16)$$

$$流动资产周转天数=\frac{360}{流动资产周转次数} \quad (6-17)$$

在计算该指标时,销售收入一般可以从利润表中直接获取,流动资产的金额应当取资产负债表中期初余额和期末余额的平均数。

流动资产周转率表明资产负债表中的期末流动资产转换成现金平均所需要的天数,反映流动资产的周转速度。周转速度越快,越节约流动资金,企业便可以相对扩大资产投入,增强企业的盈利能力;相反,周转速度越慢,越需要补充流动资金参加周转,从而会形成资金浪费,大大降低企业的盈利能力。在流动资产中存货和应收账款占很大的比重,所以二者对流动资产周转率的影响也是最大的,在分析流动资产周转率时要关注二者的周转状况。

4) 非流动资产周转率

非流动资产周转率是销售收入与非流动资产的比率，表示非流动资产在一年中的周转次数，也表示 1 元非流动资产所支持的销售收入。其计算公式如下：

$$非流动资产周转率 = \frac{销售收入}{非流动资产} \tag{6-18}$$

$$非流动资产周转天数 = \frac{360}{非流动资产周转次数} \tag{6-19}$$

在计算该指标时，销售收入一般可以从利润表中直接获取，非流动资产的金额应当取资产负债表中期初余额和期末余额的平均数。

非流动资产是决定企业可持续发展实力的核心因素，它决定着企业创造现金流量的能力。非流动资产周转率反映公司非流动资产的使用效率和利用效率。非流动资产一般反映的是企业的历史成本，因此在分析非流动资产周转率指标时会面临通货膨胀所带来的问题。非流动资产中固定资产占有大多数比重，因此在分析非流动资产周转率时，要多关注固定资产的状况。

5) 总资产周转率

总资产周转率是销售收入与总资产的比率，表示总资产在一年中的周转次数，也表示 1 元总资产所支持的销售收入。其计算公式如下：

$$总资产周转率 = \frac{销售收入}{总资产} \tag{6-20}$$

$$总资产周转天数 = \frac{360}{总资产周转次数} \tag{6-21}$$

在计算该指标时，销售收入一般可以从利润表中直接获取，总资产的金额应当取资产负债表中期初余额和期末余额的平均数。

总资产周转率反映企业资产总体的周转情况。该指标越大，说明企业的销售能力越强，总资产的使用效率越高。一般来说，企业的总资产周转率要与行业平均值比较，若企业的周转率低于行业平均值，说明企业并没有充分利用现有的生产能力，公司应当提高现有的销售能力，或者出售一部分资产，以提高总资产周转率。

3. 盈利能力分析

企业经营的主要目的是获得利润，这也是投资者投资的主要考虑因素，因此企业盈利能力的分析自然会成为企业财务分析的主要组成部分。盈利能力分析实质上是分析投资报酬率，企业获得的净利润便是企业获得的投资报酬。盈利能力分析的几个指标的不同之处便是投资基数的不同。分析盈利能力经常用到的指标有销售利润率、资产净利率、权益净利率。

1) 销售净利率

销售净利率是指以销售收入为基数计算出的投资报酬率，是净利润与销售收入的比率，表明 1 元销售收入与成本费用的差额。其计算公式如下：

$$销售利润率 = \frac{净利润}{销售收入} \times 100\% \tag{6-22}$$

在计算该指标时，净利润和销售收入都可以直接从利润表中取得。

企业销售利润率通常与行业平均值比较。销售利润率越大，表明企业的盈利能力越强；如果销售利润率低于行业平均水平，则表明企业的成本费用占用过高，企业的经营效率相对较低。销售利润率的变动是由利润表各个项目的变动引起的，分析销售利润率的变动时，要结合利润表各项目的变动，应当重点分析金额变动比较大的项目。此外，还要结合报表附注提供的资料，分析利润表各项目的金额是否正常，应当如何提高收入，降低费用。

2）资产净利率

资产净利率是以总资产为基数计算出的投资报酬率，是净利润与总资产的比率，表明1元资产可以产生的净利润。其计算公式如下：

$$资产净利率 = \frac{净利润}{总资产} \times 100\% \qquad (6-23)$$

在计算该指标时，净利润的数额可以直接从利润表中取得，总资产的金额一般是资产负债表中期初余额和期末余额的平均数。

资产利润率反映企业资产的获利水平，可以揭示企业资产是否得到有效利用，是否给企业带来了利润。该指标越高，表明企业资产的利用率越高。资产利润率是企业盈利能力的关键，被认为是衡量企业经营绩效的最佳标准，它可以在不增加企业风险的同时增加企业的价值。

该指标通常与企业前期的指标及行业平均水平作比较。对资产利润率进行分析时，通常会使用因素分析法，将资产利润率分解为销售净利率和总资产周转率，按照顺序依次替代，分析资产利润率的变化是由销售净利率的变化还是由总资产周转率的变化引起的，并且分析哪个是主要影响因素，根据分析结果来决定对策，从而提高资产利润率。

3）权益净利率

权益净利率是以所有者权益为基数计算出的投资报酬率，是净利润与所有者权益的比率，表明1元股东资本可以赚取的净利润。其计算公式如下：

$$权益净利率 = \frac{净利润}{所有者权益} \times 100\% \qquad (6-24)$$

在计算该指标时，净利润的数额可以直接从利润表中取得，所有者权益的金额一般是资产负债表中期初余额和期末余额的平均数。

权益净利率反映了股东权益赚取利润的能力。对权益净利率进行分析时，通常也会使用因素分析法，将权益净利率分解为销售净利率、总资产周转率和权益乘数，按照顺序依次替代，分析权益净利率的变化是由哪个因素的变化引起的，各个因素对权益净利率的影响是多少，从而确定哪个是主要影响因素。分析出结果以后便可根据结果来决定对策，从而提高权益净利率，这个因素分析法是杜邦分析体系的基础。

4. 企业成长能力分析

企业成长能力是指企业未来生产经营活动的发展趋势和发展潜能，一个发展能力强的企业能够不断地为股东创造财富，不断地增加企业价值。成长能力是企业在生存的基础上扩大规模、壮大实力的潜在能力。企业成长能力分析内容可以分为企业单项成长能力分析和整体成长能力分析两部分。

1）企业单项成长能力分析

分析企业单项成长能力的指标，常用的有资产增长率、净资产增长率、销售收入增长率、净利润增长率。

(1) 资产增长率。

资产是企业拥有或者控制的可以用于经营并为企业带来收入的资源，资产的规模及增长情况可以表明企业的实力和发展速度。资产增长率是本期资产增加额和资产期初余额之比。其计算公式如下：

$$资产增长率 = \frac{本期资产增加额}{期初资产余额} \times 100\% \qquad (6-25)$$

在计算该指标时，本期资产增加额是期末资产余额和期初资产余额的差额，期末资产余额和期初资产余额可直接从资产负债表中取得。

资产增长率是用来考核企业资产投入增长幅度的财务指标。该增长率若为正，表明企业资产规模增加；若为负，表明企业资产规模出现负增长。资产增长率越大，表明企业资产规模的增长幅度越大，也暗示着企业销售收入的增长幅度越大。分析企业资产增长率时，应当将企业不同时期的资产增长率加以比较：如果企业的资产规模是不断增长的，表明该企业是健康成长的；如果企业的资产规模时增时减，表明企业经营业务不稳定，不具备良好的发展能力。企业资产增长率高并不意味着企业的资产规模增长就一定适当，资产增长率必须与销售增长、利润增长等结合起来分析，只有在企业的销售增长、利润增长超过资产规模增长的情况下，资产的增长才是适当的。在关注企业资产规模是否增长的同时，也要考虑企业资产的增长来源于负债还是所有者权益的增加。如果是由于公司发行股票而导致所有者权益大幅增加，投资者需关注募集资金的使用情况：如果募集资金还处于货币形态或作为委托理财等使用，这样的总资产增长率反映出的成长性将大打折扣；如果是由于负债而导致资产增加的，会受到资本结构的限制，当公司资产负债率较高时，负债规模的扩大空间有限。

(2) 净资产增长率。

净资产增长率，又称资本积累率，是本期净资产增加额与期初净资产余额之比。其计算公式如下：

$$净资产增长率 = \frac{本期净资产增加额}{期初净资产余额} \times 100\% \qquad (6-26)$$

在计算该指标时，本期净资产增加额就是期末净资产余额和期初净资产余额的差额，期末净资产余额和期初净资产余额可以直接从资产负债表中取得。

净资产增加表明企业有新的资本注入，股东对企业的前景充满信心，相对增加了企业利用负债筹集资金的能力，为企业获取债务资本打下了好基础，提高了企业的成长能力。净资产增长率越高，表明企业本期净资产增长越多，企业成长能力越强。如果企业净资产是不断增长的，表明该企业是一个持续增长型企业；若企业净资产是时增时减的，表明该企业发展不稳定。在分析该指标时，应当将不同时期的净资产增长率加以比较，才能够正确地评估企业的成长能力。

一般来说，企业净资产的增加主要有两个来源：经营活动产生的净利润和新增加的股东净支付，其中股东的净支付是股东当年的新增投资减去当年发放的股利。因此，企业的净资产增长率公式可以分解为如下形式：

$$净资产增长率 = \frac{本期净资产增加额}{期初净资产余额} \times 100\%$$

$$=\frac{\text{净利润}+(\text{股东新增投资}-\text{支付股东股利})}{\text{期初净资产余额}}\times 100\%$$

$$=\text{净资产收益率}+\text{股东净投资率} \qquad (6\text{-}27)$$

因此，在对净资产增长率分析时，可以把净资产增长率分解为净资产收益率和股东净投资率两个因素分析，其中净资产收益率表明企业运用股东投入资本创造收益的能力，而股东净投资率表明了企业利用股东新投资的程度。

（3）销售收入增长率。

销售收入的增加是企业增长的源泉，企业的销售情况越好，生存和发展的空间也越大，因此可以用销售收入增长率来表示企业的成长能力。销售收入增长率是本期营业收入增加额与上期营业收入之比。其计算公式如下：

$$\text{销售收入增长率}=\frac{\text{本期营业收入增加额}}{\text{上期营业收入}}\times 100\% \qquad (6\text{-}28)$$

在计算该指标时，本期营业收入的增加额为本期营业收入与上期营业收入的差额，本期营业收入和上期营业收入的数值可以从利润表中获取。

销售收入增长率为正，表明企业本期销售规模增加。销售收入增长率越大，说明企业销售收入增长得越快，销售情况越好；若销售收入增长率为负，则表明企业销售规模减小，销售情况较差。在实际运用中，也可以通过某种产品的销售收入增长率来观察企业产品的结构情况，从而分析企业的成长能力。要判断企业在销售方面是否具有良好的成长性，必须分析销售增长的效益性，当销售收入增长率低于资产增长率时，表明销售增长不具有效益性，同时也表明企业在销售方面的可持续成长能力不强。在正常情况下，企业的销售收入增长率应当高于资产增长率。最后要注意，要想全面正确地分析一个企业的销售收入增长情况，必须将一个企业不同时期的销售收入增长率加以比较和分析。

（4）净利润增长率。

净利润是企业经营业绩的结果，净利润的增长是企业成长性的基本表现。因此，净利润增长率是反映企业成长能力的重要指标。净利润增长率是本期净利润增加额与上期净利润之比。其计算公式如下：

$$\text{净利润增长率}=\frac{\text{本期净利润增加额}}{\text{上期净利润}}\times 100\% \qquad (6\text{-}29)$$

在计算该指标时，所需数据可从利润表中获取。

该指标反映的是企业净利润增长情况。净利润的连续增长是公司具有成长性的基本特征：如其增幅较大，表明公司经营业绩突出，市场竞争能力强；反之，净利润增幅小甚至出现负增长，也就谈不上具有成长性。分析该增长率时应当与销售收入增长结合起来，如果企业的销售收入增长，但利润并未增长，表明企业没有创造经济价值，这样的增长是不可能持续下去的，企业的成长性较弱。要全面认识企业净利润的增长能力，还需要结合企业的营业利润增长情况，如果企业的净利润主要来源于营业利润，则表明企业产品获利能力较强，具有较好的成长能力；反之，则表明企业的净利润主要来自营业外项目，企业的成长能力并不强。在实际运用中，为了更正确地反映企业净利润和营业利润的趋势，应当对比分析企业连续多期的净利润增长率和营业收入增长率，从而排除个别时期偶然性或者特殊因素的影响。

2) 企业整体成长能力分析

资产增长率、净资产增长率、销售收入增长率和净利润增长率等指标,只是从不同侧面考察企业的成长能力,不能涵盖企业成长能力的全部,并且这四个指标相互作用、相互影响,不能够分开,因此在实际运用中,只有把这四种类型的增长率指标联系起来加以分析,才能够正确地评价一个企业的成长能力。

分析企业整体成长能力时,可以分以下四个步骤进行。

第一步,分别计算企业的资产增长率、净资产增长率、销售收入增长率和净利润增长率等指标的实际数值。

第二步,分别将上述增长率的实际数值与以前不同时期的增长率数值、同行业数值比较,分析企业在资产、净资产、销售收入和净利润方面的增长能力。

第三步,比较资产增长率、净资产增长率、销售收入增长率和净利润增长率之间的关系,判断不同方面增长率的效益性及它们之间的协调性。

第四步,根据前三步的分析结果,运用一定的标准,判断企业成长能力。

以上分别从企业的偿债能力、营运能力、盈利能力和成长能力四个方面来反映与评价企业的财务状况及经营成果。在实际运用中,只有充分理解各种指标的内涵及作用,并考虑各指标之间的关联性,才能对企业的生产经营状况作出正确合理的判断。

三、实训内容

1. 情景资料

青岛啤酒股份有限公司(以下简称"青岛啤酒")成立于 1993 年,其前身是 1903 年 8 月由德国商人和英国商人合资在青岛创建的日耳曼啤酒公司青岛公司。它是中国历史悠久的啤酒制造厂商,是 2008 年北京奥运会官方赞助商。1993 年 7 月 15 日,青岛啤酒股票(0168)在中国香港交易所上市;同年 8 月 27 日,青岛啤酒(600600)在上海证券交易所上市,成为中国首家在两地同时上市的公司。20 世纪 90 年代后期,运用兼并重组、破产收购、合资建厂等多种资本运作方式,青岛啤酒在中国 20 个省、市、自治区拥有 60 多家啤酒生产基地,基本完成了全国性的战略布局。青岛啤酒远销美国、日本、德国、法国、英国、意大利、加拿大、巴西、墨西哥等世界 80 多个国家和地区。在全球啤酒行业权威报告 Barth Report 依据产量进行的排名中,青岛啤酒为世界第六大啤酒厂商。

青岛啤酒 2018—2020 年资产负债表、利润表和现金流量表见表 6-1 至表 6-3。

表 6-1 青岛啤酒 2018—2020 年资产负债表　　　　　　　　　　　　　　　元

项目	2020 年度	2019 年度	2018 年度
流动资产:			
货币资金	18 466 880 608.00	15 301 983 408.00	12 535 737 018.00
交易性金融资产	1 888 862 835.00	1 523 793 019.00	1 202 544 491.00
衍生金融资产			
应收票据	5 648 580.00	75 100 000.00	53 801 550.00
应收账款	119 506 428.00	151 069 427.00	110 705 784.00

续表

项目	2020 年度	2019 年度	2018 年度
应收款项融资			
预付款项	239 884 336.00	117 156 091.00	173 564 933.00
其他应收款	73 893 587.00	86 269 436.00	297 784 761.00
存货	3 281 033 526.00	3 181 769 333.00	2 651 224 726.00
合同资产			
持有待售资产			
一年内到期的非流动资产			
其他流动资产	552 409 778.00	564 677 336.00	734 941 934.00
流动资产合计	24 628 119 678.00	21 001 818 050.00	17 760 305 197.00
非流动资产:			
债权投资			
其他债权投资			
长期应收款			
长期股权投资	374 333 837.00	376 641 802.00	370 486 200.00
其他权益工具投资			
其他非流动金融资产	600 000.00	600 000.00	600 000.00
投资性房地产	27 183 434.00	36 504 682.00	27 932 768.00
固定资产	10 302 628 630.00	10 222 034 465.00	10 326 694 147.00
在建工程	339 805 369.00	178 993 842.00	379 891 294.00
工程物资			
固定资产清理			
使用权资产	168 329 047.00	66 970 435.00	
生产性生物资产			
油气资产			
无形资产	2 503 842 988.00	2 558 572 455.00	2 599 685 515.00
开发支出			
商誉	1 307 103 982.00	1 307 103 982.00	1 307 103 982.00
长期待摊费用	86 258 334.00	35 255 388.00	33 107 419.00
递延所得税资产	1 718 307 625.00	1 455 035 532.00	1 207 020 387.00
其他非流动资产	57 672 911.00	72 852 914.00	62 438 096.00
非流动资产合计	16 886 066 157.00	16 310 565 497.00	16 314 959 808.00
资产总计	41 514 185 835.00	37 312 383 547.00	34 075 265 005.00
流动负债:			
短期借款	703 273 054.00	270 906 631.00	296 155 600.00
交易性金融负债			
衍生金融负债			

续表

项目	2020 年度	2019 年度	2018 年度
应付票据	149 491 592.00	220 825 323.00	326 075 937.00
应付账款	2 222 601 042.00	2 167 178 181.00	2 246 348 607.00
预收款项			
合同负债	6 567 320 256.00	5 970 644 849.00	5 237 538 511.00
应付职工薪酬	1 906 199 446.00	1 458 665 786.00	1 175 461 292.00
应交税费	548 026 847.00	513 058 160.00	691 133 999.00
应付利息			
应付股利			
其他应付款	3 074 878 208.00	2 424 857 501.00	2 113 507 358.00
持有待售负债			
一年内到期的非流动负债	42 089 297.00	22 208 025.00	420 320.00
其他流动负债	296 065 856.00	305 436 538.00	228 510.00
流动负债合计	15 509 945 598.00	13 353 780 994.00	12 086 870 134.00
非流动负债：			
长期借款		209 180.00	630 480.00
应付债券			
租赁负债	115 839 869.00	37 471 885.00	
长期应付款	462 046 060.00	372 579 660.00	222 324 164.00
专项应付款			
预计负债			
递延收益	2 899 626 024.00	2 519 926 935.00	2 343 747 145.00
长期应付职工薪酬	991 111 582.00	931 008 557.00	526 560 514.00
递延所得税负债	167 564 536.00	184 035 480.00	205 181 181.00
其他非流动负债			
非流动负债合计	4 636 188 071.00	4 045 231 697.00	3 298 443 484.00
负债合计	20 146 133 669.00	17 399 012 691.00	15 385 313 618.00
所有者权益：			
实收资本（或股本）	1 364 182 795.00	1 350 982 795.00	1 350 982 795.00
其他权益工具			
资本公积	3 675 291 623.00	3 444 317 455.00	3 444 186 312.00
减：库存股	(279 576 000.00)		
其他综合收益	(19 851 339.00)	(47 347 633.00)	(44 696 804.00)
专项储备			
盈余公积	1 400 704 380.00	1 400 704 380.00	1 400 704 380.00
一般风险准备	260 344 554.00	234 715 680.00	199 512 331.00

续表

项目	2020 年度	2019 年度	2018 年度
未分配利润	14 220 864 502.00	12 788 210 357.00	11 619 782 072.00
归属于母公司股东权益合计	20 621 960 515.00	19 171 583 034.00	17 970 471 086.00
少数股东权益	746 091 651.00	741 787 822.00	719 480 301.00
所有者权益（或股东权益）合计	21 368 052 166.00	19 913 370 856.00	18 689 951 387.00
负债和所有者（或股东权益）合计	41 514 185 835.00	37 312 383 547.00	34 075 265 005.00

表 6-2　青岛啤酒 2018—2020 年度利润表　　　　　　　　元

项目	2020 年度	2019 年度	2018 年度
一、营业收入	27 759 710 926.00	27 983 760 363.00	26 575 255 205.00
减：营业成本	16 540 609 624.00	17 080 443 282.00	16 555 774 979.00
税金及附加	2 219 072 099.00	2 313 322 793.00	2 326 543 366.00
销售费用	4 984 549 837.00	5 103 505 734.00	4 868 834 502.00
管理费用	1 678 050 722.00	1 881 053 486.00	1 386 380 042.00
研发费用	21 467 092.00	21 088 710.00	19 755 502.00
财务费用	470 921 460.00	-484 172 216.00	-497 115 822.00
其中：利息费用	13 662 682.00	13 621 266.00	13 707 476.00
利息收入	524 029 340.00	514 830 422.00	536 675 628.00
加：其他收益	517 048 836.00	602 897 696.00	523 174 569.00
投资收益	25 243 596.00	24 508 766.00	20 518 603.00
其中：对联营企业和合营企业的投资收益	18 098 320.00	21 182 903.00	16 615 487.00
公允价值变动损益	55 092 634.00	56 754 451.00	54 170 936.00
信用减值损失	1 574 159.00	7 091 211.00	1 311 608.00
资产减值损失	(130 553 700.00)	(121 051 420.00)	(147 032 754.00)
资产处置收益	(5 204 016.00)	59 170 551.00	10 339 068.00
二、营业利润	3 250 084 521.00	2 697 889 829.00	2 377 564 666.00
加：营业外收入	14 586 892.00	34 664 591.00	15 921 391.00
减：营业外支出	25 122 089.00	5 643 591.00	13 719 191.00
三、利润总额	3 239 549 324.00	2 726 910 829.00	2 379 766 866.00
减：所得税费用	912 580 519.00	797 794 436.00	818 755 412.00
四、净利润	2 326 968 805.00	1 929 116 393.00	1 561 011 454.00
按经营持续性分类			
持续经营净利润	2 326 968 805.00	1 929 116 393.00	1 561 011 454.00
终止经营利润			

续表

项目	2020 年度	2019 年度	2018 年度
按所有权归属分类			
少数股东损益	125 645 249.00	77 013 017.00	138 811 749.00
归属于母公司股东的净利润	2 201 323 556.00	1 852 103 376.00	1 422 199 705.00
五、其他综合收益的税后净额	27 496 294.00	(2 650 829.00)	(29 549 068.00)
归属于母公司股东的其他综合收益的税后净额			
不能重分类进损益的其他综合收益			
重新计量设定收益计划变动额	17 790 000.00	907 000.00	(22 516 000.00)
将重分类进损益的其他综合收益			
权益法下可转损益的其他综合收益	72 326.00	9 413.00	(12 848.00)
外币财务报表折算差额	9 633 968.00	(3 567 242.00)	(7 020 220.00)
六、综合收益总额	2 354 465 099.00	1 926 465 564.00	1 531 462 386.00
归属于母公司股东的综合收益总额	2 228 819 850.00	1 849 452 547.00	1 392 650 637.00
归属于少数股东的综合收益总额	125 645 249.00	77 013 017.00	138 811 749.00
七、每股收益	—	—	—
基本每股收益	1.629	1.371	1.053
稀释每股收益	1.627	1.371	1.053

表 6-3　青岛啤酒 2018—2020 年度现金流量表　　　　　　　　　　　　　元

项目	2020 年度	2019 年度	2018 年度
一、经营活动产生的现金流量			
销售商品、提供劳务收到的现金	32 249 365 646.00	33 048 233 130.00	31 880 597 870.00
收到的税费返还	17 073 564.00	18 516 847.00	29 757 183.00
收到其他与经营活动有关的现金	1 733 115 735.00	1 807 961 603.00	1 665 022 035.00
经营活动现金流入小计	33 999 554 945.00	34 874 711 580.00	33 575 377 088.00
购买商品、接受劳务支付的现金	15 263 953 862.00	16 451 021 182.00	15 769 795 593.00
支付给职工以及为职工支付的现金	4 471 128 901.00	4 830 268 740.00	4 616 507 830.00
支付的各项税费	4 943 789 057.00	5 210 668 233.00	5 016 131 660.00
支付其他与经营活动有关的现金	4 367 260 763.00	4 366 200 846.00	4 180 933 604.00
经营活动现金流出小计	29 046 132 583.00	30 858 159 001.00	29 583 368 687.00
经营活动产生的现金流量净额	4 953 422 362.00	4 016 552 579.00	3 992 008 401.00

续表

项目	2020 年度	2019 年度	2018 年度
二、投资活动产生的现金流量			
收回投资收到的现金	2 530 178 900.00	1 669 900 000.00	1 549 800 000.00
取得投资收益收到的现金	87 605 830.00	76 740 009.00	54 813 885.00
处置固定资产、无形资产和其他长期资产收回的现金净额	20 462 220.00	248 098 952.00	58 558 466.00
处置子公司及其他营业单位收到的现金净额			
收到其他与投资活动有关的现金	308 074 044.00	701 467 374.00	444 912 006.00
投资活动现金流入小计	2 946 320 994.00	2 696 206 335.00	2 108 084 357.00
购建固定资产、无形资产和其他长期资产支付的现金	1 295 167 063.00	1 155 246 070.00	761 796 099.00
投资支付的现金	3 000 100 000.00	1 867 622 367.00	1 974 800 000.00
取得子公司及其他营业单位支付的现金净额			
支付其他与投资活动有关的现金	138 792 096.00	21 103 503.00	188 232 081.00
投资活动现金流出小计	4 434 059 159.00	3 043 971 940.00	2 924 828 180.00
投资活动产生的现金流量净额	(1 487 738 165.00)	(347 765 605.00)	(816 743 823.00)
三、筹资活动产生的现金流量			
吸收投资收到的现金	281 576 000.00		
取得借款收到的现金	720 120 000.00	256 620 000.00	274 591 200.00
收到其他与筹资活动有关的现金			
筹资活动现金流入小计	1 001 696 000.00	256 620 000.00	274 591 200.00
偿还债务支付的现金	270 540 000.00	289 545 200.00	275 011 200.00
分配股利、利润或偿付利息支付的现金	793 126 772.00	710 882 300.00	639 178 482.00
其中：子公司支付给少数股东的股利、利润	48 402 856.00	54 705 496.00	48 607 726.00
支付其他与筹资活动有关的现金	294 120 079.00	24 909 652.00	1 134 743.00
筹资活动现金流出小计	1 357 786 851.00	1 025 337 152.00	915 324 425.00
筹资活动产生的现金流量净额	(356 090 851.00)	(768 717 152.00)	(640 733 225.00)
四、汇率变动对现金的影响	(23 863 277.00)	4 035 205.00	16 848 088.00
五、现金及现金等价物净增加额	3 085 730 069.00	2 904 105 027.00	2 551 379 441.00
加：期初现金及现金等价物余额	14 557 393 355.00	11 653 288 328.00	9 101 908 887.00
六、期末现金及现金等价物余额	17 643 123 424.00	14 557 393 355.00	11 653 288 328.00

2. 实训要求

（1）根据公司的资产负债表、利润表和现金流量表，计算企业的营运资本、流动比率、速动比率、现金比率、现金流量比率、资产负债率、产权比率、权益乘数、有形净资产负债率、利息保障倍数、现金债务总额比率、现金流量利息保障倍数，并对企业的偿债能力进行评价。

（2）根据公司的资产负债表和利润表，计算企业的净资产收益率、总资产报酬率、销售毛利率、销售净利率、销售费用利润率、成本费用利润率，并对企业的盈利能力进行评价。

（3）根据公司的资产负债表和利润表，计算企业的应收账款周转率、存货周转率、流动资产周转率率、固定资产周转率、总资产周转率，并对企业的营运能力进行评价。

（4）根据公司的资产负债表和利润表，计算企业的资产增长率、净资产增长率、销售收入增长率、净利润增长率，并对企业的成长能力进行评价。

（5）根据公司的资产负债表，运用水平分析法分析资产负债表的变动情况，并作出评价。

（6）根据公司的资产负债表，运用垂直分析法分析资产负债表的变动情况，并作出评价。

（7）根据公司的资产负债表，进行资产负债表结构分析。

（8）根据公司的利润表，运用水平分析法编制利润增减变动分析表，并对利润变动情况做出分析评价。

（9）根据公司的利润表，运用垂直分析法编制利润结构分析表，并对利润结构变动情况做出分析评价。

（10）根据公司的现金流量表，运用水平分析法对现金流量表进行水平分析，并进行评价。

（11）根据公司的现金流量表，运用垂直分析法对现金流量表进行垂直分析，并进行评价。

（12）根据公司的现金流量表，从现金角度对企业财务活动进行综合分析，并进行评价。

3. 实训组织方式及步骤

本实训安排在理论知识学习之后进行。在实训教师的负责和指导下，每位学生独立完成实训。学生可以以班级为单位，统一在模拟实验室中进行实训。实验室需配备能上网的计算机，并装有 Excel 等软件。实训步骤如下。

（1）学生登录网站（如中国证券网、证券之星、新浪）查找所需财务及相关数据。

（2）在实训教师的指导下，学生独立完成不同的实训任务。

（3）实训完成以后，学生将完成的实训资料提交给实训教师。

（4）学生对实训结果进行报告，其他学生给予评价。

（5）实训教师综合评价、总结。

模块二　杜邦财务分析实训

一、实训目的

通过运用杜邦财务分析方法，对青岛啤酒股份有限公司整体财务状况与经营成果进行分析及评价，以熟练掌握杜邦财务分析方法的特点及分析思路，找出公司目前存在的问题，为采取有效的措施指明方向；掌握利用 Excel 电子表格绘制杜邦财务分析体系图的方法，根据绘制的体系图对某公司的整体财务状况和经营业绩进行财务分析与评价。

二、理论知识点

（一）杜邦财务分析方法及其原理

1. 杜邦财务分析方法简介

杜邦财务分析方法是美国著名的杜邦公司为考评集团下属企业的业绩，制定的一个以投资报酬率为核心的财务比率考评体系。这一体系出现后，迅速在全球范围传播，从最初的用于企业内部业绩考评，逐渐发展到投资者、债权人用于分析企业的营运能力和偿债能力。20 世纪后半叶，这一分析体系被引入中国，并被广泛应用于综合财务分析的实践。由于该方法是由杜邦公司创造并最先成功应用的，因而被称为杜邦财务分析方法。

2. 杜邦财务分析方法原理

杜邦财务分析方法，又称杜邦财务分析体系，是利用各主要财务比率指标之间的内在联系，来综合评价企业经营理财状况及其经济效益的方法。传统的评价企业获利能力的比率主要有资产报酬率、营业利润率、净资产收益率等，对于股份制企业来说，还有每股利润、市盈率、股利发放率等；评价企业偿债能力的有资产负债率、权益乘数、流动比率、速动比率等；评价企业营运能力的有总资产周转率、流动资产周转率、固定资产周转率等。这些指标从某一特定的角度对企业的财务状况及经营成果进行分析，但它们都不足以全面地评价企业的总体财务状况及经营成果。杜邦财务分析方法正好弥补了这种缺陷，可以对企业经营活动进行综合分析和评价。

同时，由于企业各项财务活动及各项财务指标是相互联系的，并且相互影响的，这便要求财务分析人员将企业财务活动看作一个大系统，对系统内相互依存、相互作用的各种因素进行综合分析。如果只进行企业单方面状况的分析，将一些孤立的财务分析指标堆积在一起，彼此毫无联系地观察、分析，违背了普遍联系的观点，很难得到企业的全面、真实、准确的信息，影响企业的经营决策。运用杜邦财务分析方法，利用几个主要财务指标之间的内在联系，就可以很好地对企业整体财务状况进行综合分析与评价。

（二）杜邦财务分析方法的分析体系

杜邦财务分析方法是以净资产收益率为综合指标，以总资产净利率、权益乘数为核心，进行层层分解，让分解后的各个指标彼此发生关联，构成一个完整的指标体系。

指标分析体系中各指标之间的关系用公式表示为：

$$净资产收益率 = 总资产净利率 \times 权益乘数$$

式中：
$$总资产净利率 = 营业净利率 \times 总资产周转率 \tag{6-30}$$

因此，决定净资产收益率高低的因素，主要取决于营业净利率、总资产周转率、权益乘数三个方面，用公式表示为：

$$净资产收益率 = 营业净利率 \times 总资产周转率 \times 权益乘数 \tag{6-31}$$

为了更深入地分析净资产收益率变化的原因，还可对营业净利率、总资产周转率这两个指标进一步进行分解。

营业净利率的分解：

$$营业净利率 = \frac{净利润}{营业收入} \tag{6-32}$$

$$净利润 = 收入总额 - 成本费用总额 \tag{6-33}$$

式中：
$$收入总额 = 营业收入 + 公允价值变动收益 + 投资收益 + 营业外收入 \tag{6-34}$$

$$成本费用总额 = 营业成本 + 税金及附加 + 期间费用 + 资产减值损失 +$$
$$投资损失 + 营业外支出 + 所得税费用 \tag{6-35}$$

式中：期间费用包括销售费用、管理费用和财务费用。

总资产周转率的分解：

$$总资产周转率 = \frac{营业收入}{资产总额} \tag{6-36}$$

式中：
$$资产总额 = 流动资产 + 非流动资产 \tag{6-37}$$

$$流动资产 = 货币资金 + 以公允价值计量且其变动计入当期损益的金融资产 +$$
$$应收及预付款 + 存货 + 其他流动资产 \tag{6-38}$$

$$非流动资产 = 可供出售金融资产 + 持有至到期投资 + 长期股权投资 +$$
$$投资性房地产 + 固定资产 + 在建工程 + 无形资产 + 开发支出 +$$
$$商誉 + 长期待摊费用 + 递延所得税资产 + 其他非流动资产 \tag{6-39}$$

下面以杜邦财务分析体系图的形式，表示各项指标之间的关系，如图6-1所示。

该体系是一个多层次的财务比率分解体系。各项财务比率，在每个层次上与本企业历史或者同行业的财务比率比较，比较之后向下一级分解。逐级向下分解，逐步覆盖企业经营活动的每个环节，找出企业财务问题的症结所在，从而可直观地看出企业财务状况和经营成果的总体面貌。

在根据"净资产收益率=营业净利率×总资产周转率×权益乘数"这一等式分析营业净利率、总资产周转率、权益乘数这三个指标对净资产收益率的影响程度时，应遵循一定的顺序。其中，营业净利率是基础。产生净利是一个企业存在的宗旨，也是杜邦财务分析体系的切入点，理所当然应居首位。总资产周转率，是反映企业运用资产产生销售收入能力的指标，属于资产管理效率方面的分析指标，反映企业对资产的利用程度，它与营业净利率结合

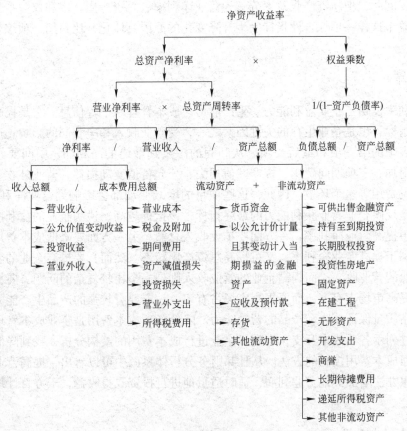

图 6-1 杜邦财务分析体系图

可以更加全面地评价企业的盈利能力。在分析体系中,当要反映企业经营成果时,总资产周转率相对于营业净利率来说是辅助指标。而且,从财务管理的观点看,企业是否能生存,关键在于盈利与否。为了盈利,应本着"投资最小化,收益最大化"的原则提高资产的利用价值,尽力实现投资报酬率的最大化。同时,由于债务资金的利息具有抵减所得税的效应,所以筹资决策影响利润分配。对指标的变动进行分解时,应遵循首先是营业净利率,其次是总资产周转率,最后是权益乘数的顺序。

(三) 杜邦财务分析方法可提供的信息

杜邦财务分析方法是对企业进行综合分析和评价的一种方法。通过对某一企业运用此方法,我们可以得出有关该企业的以下财务信息。

1. 净资产收益率

净资产收益率可提供综合的企业信息,是最有代表性的财务指标,是上市公司综合业绩排序中的第一指标,也是杜邦财务分析方法中的核心。净资产收益率代表了投资者投入资金的获利能力,反映企业筹资、投资、资产运营等活动的效率。其大小取决于营业净利率、总资产周转率和权益乘数三个因素,它所反映的获利能力是企业经营能力、财务决策和筹资方式等多种因素综合作用的结果。其中,营业净利率取决于企业的经营管理,总资产周转率反映资产的运营和投资管理,权益乘数反映企业的筹资政策。提高净资产收益率是所有者权益的最大保证；同时，把净资产收益率分解为营业净利率、总资产周转率和权益乘数后，可以把净资产收益率这样一项综合性指标发生升降变化的原因具体化，比只用一项综合性指标更能说明问题。

2. 营业净利率

营业净利率反映了企业盈利能力、生产能力、成本管理水平等信息。它是提高净资产收益率的关键指标，也是企业生存的关键因素之一，受营业收入和净利润的影响。这两个项目分别是利润表中的第一项和最后一项。从利润的源泉到最终的净利润，中间要经过营业成本、税金及附加、三项期间费用、资产减值损失、公允价值变动损益、营业外收入、营业外支出及所得税费用等多个环节。因此，这些项目的增减变动都会影响到营业净利率的大小。营业净利率是反映企业营业获利能力的最终指标，该指标越高，说明企业的盈利能力越强。

企业要想提高营业净利率，一方面要扩大收入总额，另一方面要降低成本费用。扩大收入总额既有利于提高营业净利率，又可提高总资产周转率。然而，要提高企业的收入总额主要是提高企业的营业收入，而提高企业的营业收入则是一个比较复杂的问题。要提高营业收入，必然要提高市场占有率，而要提高市场占有率，一定要有较强的产品生产能力、产品创新能力、产品质量保证能力和产品的营销能力。降低各项成本费用是企业成本管理的一项重要内容，通过列示各项成本开支，有利于企业进行成本费用的结构分析，找到降低成本费用的途径和加强成本费用控制的方法。从杜邦财务分析体系图中可以看出，提高营业净利率的另一途径是想办法增加其他营业利润，适时适量地进行投资取得收益，千方百计地降低营业外支出等。

3. 收入和成本费用

企业的总收入包括营业收入、公允价值变动收益、投资收益、营业外收入。其中，营业收入的比重较大，是企业实现利润的主要来源，也是决定企业盈利能力的最主要因素。在企业投资组合没有重大调整、投资结构的盈利能力没有根本性变化的情况下，企业的投资收益在年度间一般不会出现重大变化。如果企业当年扣除投资收益前后的营业利润变化较大，则应当引起警惕；同时，营业外收入属于非经常性收入，具有一次性、偶发性和非重复性等特点，不应构成企业收入中的主要部分。成本费用包括营业成本、税金及附加、销售费用、管理费用、财务费用等。从各项财务成果的分析可以看出，成本费用对财务成果有着十分重要的影响，降低成本费用是增加财务成果的关键和重要途径。若财务费用支出过高，就要进一步分析其负债比率是否过高；若管理费用过高，就要进一步分析其资金周转情况等。在分析时应注意成本费用的增加要与收入的增加相匹配。对于某类成本费用的增加及是否应重点削减，在进行财务分析的基础上还应结合企业所处行业、企业所处生命周期、企业的战略管理目标及企业的实际情况等内外部环境进行分析评价。如制造行业的企业和高新技术行业的企业在成本费用的分配比例方面差别就很大。

4. 总资产周转率

总资产周转率揭示资产结构和运用效果，反映了企业运用资产以产生和提高营业收入的能力。影响总资产周转率的一个重要因素是资产总额，它是由流动资产和非流动资产组成的。它们的结构是否合理将直接影响资产的周转速度。除此之外，还应通过对流动资产周转天数、应收账款周转天数、存货周转天数等有关各资产组成部分使用效率的分析，判断产生影响的主要问题在哪里。一般来说，流动资产直接体现企业的偿债能力和变现能力，而非流动资产则体现企业的经营规模和发展潜力。两者之间应有一个合理的比例关系。一般来说，流动资产的流动性强，但盈利能力弱，过多持有流动资产虽然能相对加快资产的周转速度，但会减弱企业的盈利能力。非流动资产的盈利能力强，但周转速度慢。所以，根据企业的实际情况确定合理的流动资产和非流动资产的比例结构是很有必要的。另外，资产的运用效果是把净营业额和资产额结合起来进行分析。同样数额的资产如果能产生更多的收入，则说明企业资产的运用效果好，资产的盈利能力强。所以，要提高企业总资产周转率，首先，要确定各项资产的合理比例，尤其是流动资产和固定资产的比例关系，防止流动资产和固定资产出现闲置。其次，要提高各项资产的利用效率，尤其是流动资产中应收账款和存货的周转率，以及固定资产的利用效率。其中，总资产周转速度受流动资产周转率的影响最大，流动资产占总资产的比重越大，说明总资产周转率越快。

5. 权益乘数

权益乘数从企业负债与所有者权益的角度揭示了资本的结构，即资金来源结构。权益乘数与资产负债率呈正方向变动，其大小受资产负债率的影响。在资产总额确定的情况下，负债总额越大，资产负债率越高，权益乘数也越高；反之，企业的负债程度越低，权益乘数越低，债权人的保障程度就越高。资产负债率体现了债权人对企业资产的贡献水平，也体现企业在清算时对债权人利益的保障程度。从债权人的角度看，资产负债率越低越好。因为资产负债率低，说明资产中的权益部分的比例就大，企业的财务实力就强，债权人的财务风险就小。如果资产负债率过高，则企业的风险主要由债权人承担，债权人款项的安全程度就小，这是债权人最关心的问题。从投资者或股东的角度看，企业举债的目的是获利；举债资本和投资者提供的资本在企业经营中发挥着同样的作用，所以股东所关心的是全部资本利润率是否超过举债的成本率。

对权益乘数进行分析，要联系销售收入分析资产利用是否合理，联系权益结构分析企业的偿债能力。如果企业的资产收益率高于借款利息率，在财务杠杆的作用下，负债比率越高，净资产收益率越大，同时企业的财务风险也相对增加。所以，在企业总资产净利率既定的情况下，合理确定企业的负债比率，充分利用财务的杠杆效应，可以达到提高净资产收益率的目的。

杜邦财务分析方法的作用是解释指标变动的原因，预测指标变动的趋势，为进一步改善企业经营与财务管理、优化资本结构和提高企业发展能力指明方向。利用杜邦财务分析方法，也可对企业进行横向和纵向的对比分析。通过各指标与类似的企业、企业标准和计划的比较，以了解企业的竞争地位和企业实际经营成果与企业标准、计划的差距；通过各指标与本企业前后期的比较，以查明各主要指标的变动情况及引起变动的原因，进而还可测定相关变动因素的影响程度。应当指出，杜邦财务分析方法是一种分解财务比率的方法，而不是另外建立新的财务指标，它可以用于各种财务比率的分解。杜邦财务分析方法和其他财务分析方法一样，关键不在于指标的计算，而在于对指标的理解和运用。

三、实训内容

1. 情景资料

青岛啤酒股份有限公司（以下简称"青岛啤酒"）成立于1993年，其前身是1903年8月由德国商人和英国商人合资在青岛创建的日耳曼啤酒公司青岛公司。它是中国历史悠久的啤酒制造厂商，是2008年北京奥运会官方赞助商。1993年7月15日，青岛啤酒股票（0168）在中国香港交易所上市；同年8月27日，青岛啤酒（600600）在上海证券交易所上市，成为中国首家在两地同时上市的公司。20世纪90年代后期，运用兼并重组、破产收购、合资建厂等多种资本运作方式，青岛啤酒在中国20个省、市、自治区拥有60多家啤酒生产基地，基本完成了全国性的战略布局。青岛啤酒远销美国、日本、德国、法国、英国、意大利、加拿大、巴西、墨西哥等世界80多个国家和地区。在全球啤酒行业权威报告Barth Report依据产量排名，青岛啤酒为世界第六大啤酒厂商。

青岛啤酒2018—2020年资产负债表和利润表见表6-1和表6-2。

2. 实训要求

（1）根据上述资料提供的数据，计算青岛啤酒2018—2020年的营业净利率、总资产周转率、总资产净利率、资产负债率、权益乘数、净资产收益率。

（2）根据第一步计算出的财务指标，利用杜邦财务分析方法分析青岛啤酒净资产收益率变动的原因，以及营业净利率、总资产周转率、权益乘数的变动对净资产收益率的影响程度。

（3）根据上述资料提供的数据，利用Excel电子表格软件制作杜邦财务分析体系图。

（4）根据制作的杜邦财务分析体系图，对青岛啤酒的整体财务状况和经营业绩作进一步的分析。通过对比，找出变动原因，为提高净资产收益率提出有价值的建议。

3. 实训组织方式及步骤

本实训安排在实训教师讲授完相关的理论知识点之后进行。每位学生在实训教师的组织和指导下独立完成实训。以班级为单位统一在财务管理模拟实验室内进行实训。实验室需配备计算机，并装有Excel等软件。具体实训步骤如下。

（1）根据提供的资产负债表和利润表分别计算净资产收益率、总资产净利率、权益乘数、营业净利率和总资产周转率五个财务指标。

（2）分析净资产收益率的变动，以及营业净利率、总资产周转率、权益乘数的变动对净资产收益率的影响程度。

（3）根据"净资产收益率=总资产净利率×权益乘数""总资产净利率=营业净利率×总资产周转率"以及各具体项目的进一步分解，利用Excel软件制作杜邦财务分析体系图（以青岛啤酒某年的数据为例）。制作过程演示如下。

① 新建一个工作表，命名为"杜邦财务分析体系图"，如图6-2所示。

图 6-2　杜邦财务分析体系图（一）

② 在菜单栏中单击【视图】|【网格线】命令，如图 6-3 所示。

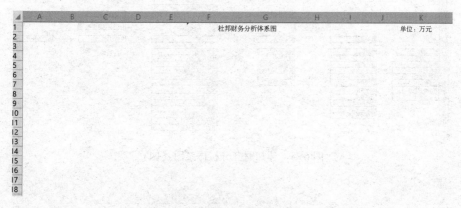

图 6-3　杜邦财务分析体系图（二）

③ 在工作表中，选中单元格 I3 并右击，在弹出的快捷菜单中选择【设置单元格格式】选项，在弹出的【单元格格式】对话框中打开【边框】选项卡，在【预置】列表中选中【外边框】选项，然后在【线条】的【样式】列表框中选中黑粗线，单击【选项】对话框的【确定】按钮，此时会在【边框】选项组的文本框内显示出预设式样，如图 6-4 所示。

④ 以同样的方式从上至下设置体系图中所需的其他单元格，需要插入"×（乘号）""÷（除号）""＋（加号）""－（减号）"等数学符号的，在菜单栏中单击【插入】|【特殊符号】命令，在弹出的【插入特殊符号】对话框中打开【数学序号】选项卡，单击选中需插入的符号，最后单击【确定】按钮即可。（在设置单元格时注意各单元格之间的距离。）设计好单元格的工作表如图 6-5 所示。

⑤ 根据资料中的"资产负债表"和"利润表"所示的信息，输入收入总额、成本费用总额、流动资产和非流动资产各具体构成部分的数据，如图 6-6 所示。

⑥ 根据"净利润＝总收入总额－成本费用总额""营业净利率＝净利润/营业收入""资产总额＝流动资产＋非流动资产""总资产周转率＝营业收入/资产总额""总资产净利率＝营业利润率×总资产周转率""权益乘数＝1/[1－（负债总额/资产总额）]""净资产收益率＝总资产净利率×权益乘数"，则单元格 A15＝A18＋A20＋A22，单元格 D14＝SUM（D17：D24），

图6-4 杜邦财务分析体系图(三)

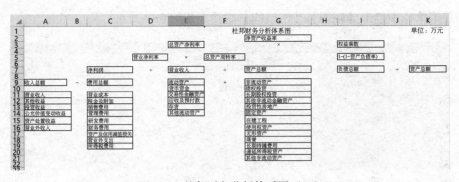

图6-5 杜邦财务分析体系图(四)

图6-6 杜邦财务分析体系图(五)

单元格 C12 = A15−D14,单元格 E12 = A18,单元格 H9 = E12/I11,单元格 F15 = F17+F19+F21+F23,单元格 L14 = SUM(I16:I26),单元格 I11 = F15+I14,单元格 H9 = E12/I11,单元格 K6 = 1/(1−(K12/I11)),单元格 H3 = F6 ∗ K6。

这样，当资产负债表和利润表变化时，只需要更改组成资产的各部分、组成收入总额的各部分和组成成本费用总额的各部分数值，其他数值就会相应发生变化。

⑦在菜单栏中单击【插入】中【形状】命令，则弹出【绘图】工具栏，利用【绘图】工具栏中的【直线】按钮和【箭头】按钮，绘制工作表。为了更直观、清晰地观察，可将表头、净资产收益率、总资产净利率、权益乘数、总资产周转率和营业净利率加粗。绘制好的杜邦财务分析体系图的框架，如图6-7所示。

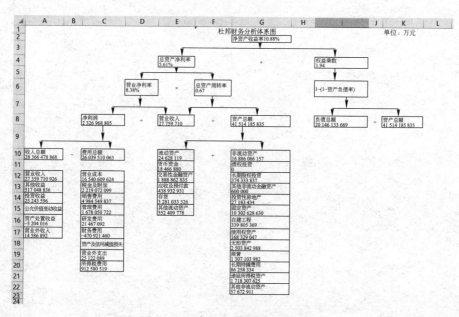

图6-7 杜邦财务分析体系图（六）

备注：为了便于分析，可以将青岛啤酒三年的财务数据绘制到一张杜邦财务分析体系图中。

（4）对较重要的影响因素进行更深入的分析，在此基础上对青岛啤酒的整体财务状况和经营业绩进行评价，为找出提高净资产收益率措施提供依据。

（5）实训过程中，实训教师给予学生个别辅导。

（6）实训内容完成后，学生将利用杜邦财务分析方法所做的分析报告以电子文档的形式保存并提交给实训教师。

（7）实训教师最后对本次实训内容进行总结。